# Quick Guide

Quick Guides liefern schnell erschließbares, kompaktes und umsetzungsorientiertes Wissen. Leser erhalten mit den Quick Guides verlässliche Fachinformationen, um mitreden, fundiert entscheiden und direkt handeln zu können.

Weitere Bände in der Reihe http://www.springer.com/series/15709

Lutz Anderie

# Quick Guide Game Hacking, Blockchain und Monetarisierung

## Wie Sie mit Künstlicher Intelligenz Wertschöpfung generieren

Lutz Anderie
Frankfurt University of Applied Sciences
Liederbach, Hessen, Deutschland

ISSN 2662-9240     ISSN 2662-9259 (electronic)
Quick Guide
ISBN 978-3-662-60858-6     ISBN 978-3-662-60859-3 (eBook)
https://doi.org/10.1007/978-3-662-60859-3

Die Deutsche Nationalbibliothek verzeichnet diese Publikation in der Deutschen Nationalbibliografie; detaillierte bibliografische Daten sind im Internet über http://dnb.d-nb.de abrufbar.

© Springer-Verlag GmbH Deutschland, ein Teil von Springer Nature 2020
Das Werk einschließlich aller seiner Teile ist urheberrechtlich geschützt. Jede Verwertung, die nicht ausdrücklich vom Urheberrechtsgesetz zugelassen ist, bedarf der vorherigen Zustimmung des Verlags. Das gilt insbesondere für Vervielfältigungen, Bearbeitungen, Übersetzungen, Mikroverfilmungen und die Einspeicherung und Verarbeitung in elektronischen Systemen.
Die Wiedergabe von allgemein beschreibenden Bezeichnungen, Marken, Unternehmensnamen etc. in diesem Werk bedeutet nicht, dass diese frei durch jedermann benutzt werden dürfen. Die Berechtigung zur Benutzung unterliegt, auch ohne gesonderten Hinweis hierzu, den Regeln des Markenrechts. Die Rechte des jeweiligen Zeicheninhabers sind zu beachten.
Der Verlag, die Autoren und die Herausgeber gehen davon aus, dass die Angaben und Informationen in diesem Werk zum Zeitpunkt der Veröffentlichung vollständig und korrekt sind. Weder der Verlag, noch die Autoren oder die Herausgeber übernehmen, ausdrücklich oder implizit, Gewähr für den Inhalt des Werkes, etwaige Fehler oder Äußerungen. Der Verlag bleibt im Hinblick auf geografische Zuordnungen und Gebietsbezeichnungen in veröffentlichten Karten und Institutionsadressen neutral.

Planung/Lektorat: Christine Sheppard
Springer Gabler ist ein Imprint der eingetragenen Gesellschaft Springer-Verlag GmbH, DE und ist ein Teil von Springer Nature.
Die Anschrift der Gesellschaft ist: Heidelberger Platz 3, 14197 Berlin, Germany

# Vorwort

Nachdem ich in den vergangenen Jahren die Management-Aspekte und das betriebswirtschaftliche ‚Big Picture' der Videogames-Branche aufgezeigt habe, ist es an der Zeit, einzelne Themenfelder zu fokussieren. Im Wesentlichen solche, welche die Games Industry beeinflussen oder durch welche diese andere Branchen beeinflusst. Game Hacking und die damit einhergehende Entwicklung, Distribution und Vermarktung von Cheat Software ist nichts anderes als digitale Produktpiraterie und eine Teildisziplin des Cybercrime, bei der das wertvolle Wirtschaftsgut Videogame gestohlen, illegal genutzt und schlimmstenfalls vernichtet wird. Game Hacking in seinen Grundzügen zu verstehen ist Ziel des ersten Kapitels dieser Quick-Guide-Veröffentlichung. Die Blockchain-Technologie entfaltet nach dem Bitcoin-Hype ihr wahres Potenzial als Peer-to-Peer Distributed Ledger Technology, mit der nicht nur Blockchain-Games entwickelt werden. Kenner sprechen ohnehin mittlerweile nicht mehr nur von Bitcoin als Crypto Currency, sondern von Crypto Assets und Tokens, welche möglicherweise in der Videogame Industry seit Jahrzehnten genutzt werden, ohne die Terminologie zu verwenden. Das zweite Kapitel zeigt einige der wesentlichen Grundlagen und Kausalzusammenhänge des Themengebiets Blockchain auf. Im dritten Kapitel wird die Monetarisierung von Videogames als zentralem Bestandteil des Marketingmix erläutert und anhand von aktuellen Marktentwicklungen empirisch belegt. In-Game Items, Lootboxen, Cloud Gaming und die Wiederbelebung der Abo-Modelle sind nur einige Beispiel dafür, dass die Monetarisierung in der Games-Branche ständig neu erfunden oder nach dem ‚Trial-und-error'-Prinzip kontinuierlich weiterentwickelt wird. Die Generierung von Wertschöpfung ist eine der originären Aufgabenstellungen einer Branche – Erfolg und Misserfolg liegen in der Games Industry dicht beieinander. Durch die jüngsten Entwicklungen in der Künstlichen Intelligenz (KI) eröffnen sich Möglichkeiten, die vor wenigen Jahren nicht möglich gewesen wären. KI wird im vierten Kapitel anhand der Cryengine, einer Realtime Engine, dokumentiert.

In der Regel beschreibe ich die Games-Branche aus der betriebswirtschaftlichen Perspektive – die Themenfelder dieser Quick-Guide-Veröffentlichung sind jedoch in der Technologie verortet. Abgesehen davon, dass im 21. Jahrhundert Englisch und Coding die wichtigsten Sprachen unserer Erde sind, geht die betriebswirtschaftliche Perspektive jedoch auch in dieser Veröffentlichung nicht verloren.

Mein besonderer Dank gilt Marius Christian Anderie, meinem Sohn, der durch die Wahl seiner Masterarbeit mit dem Thema ‚Analyse von Anti-Cheat-Mechanismen in Computerspielen' maßgeblich zur namentlichen und inhaltlichen Inspiration dieser Quick-Guide-Veröffentlichung beigetragen hat. Wesentliche Teile des 1. Kapitels wurden mit freundlicher Genehmigung von Marius Christian Anderie entweder wörtlich oder inhaltlich aus der Masterarbeit ‚Analyse von Anti-Cheat-Mechanismen in Computerspielen', vorgelegt an der Philipps-Universität Marburg im Januar 2019, übernommen. Als Quell-Literatur ist sie für den interessierten Leser, der sich tiefer mit dem Themengebiet beschäftigen möchte, unabdingbar. Um das hochaktuelle, aber auch gleichermaßen komplexe Thema Game Hacking verständlich darzulegen, wurde komplementär ein YouTube-Video (Keyword: Anderie) im Web veröffentlicht.

Ansonsten gilt mein Dank natürlich meinen drei Interviewpartnern: Dr. Andreas Lober, Prof. Dr. Swen Schneider und Pascal Tonecker. Außerdem haben zu dieser Veröffentlichung zahlreiche Menschen beigetragen, die ich nicht unerwähnt lassen möchte: Daniel Denk,

Prof. Dr. Vasant Dhar, Petra Fröhlich, Dr. Stefan Göbel, Prof. Dr. Ing. Daniel Görlich, Carol Guerico Traver, Thorsten Hamdorf, Dr. Michaela Hönig, Peter Kolz, Prof. Dr. Ken C. Laudon, Paula Matos, Maximilian Otte, Prof. Dr. Philipp Sandner, Christine Sheppard, Stephan Sandner, Jens Schäfer, Karlheinz (Kalli) Schulz, Prof. Dr. Bernd Skiera, Janina Tschech, Stephan Steininger und Avni Yerli.

Dieses Buch fördert keine Piraterie, Verstöße gegen die DMCA, das EU-Urheberrecht oder andere Urheberrechte sowie Nutzungsbedingungen von Spielen. Game-Hacker wurden lebenslang für Spiele gesperrt, auf Millionen von Dollar oder Euro Schadensersatz verklagt und sogar inhaftiert.

Liederbach  
im Februar 2020

Prof. Dr. Lutz Anderie

# Inhaltsverzeichnis

1 **Game Hacking: Von der Raubkopie zum Cybercrime Game Hack**    1
    1.1   Cheat Engines: Künstliche Intelligenz und Black Hats    4
    1.2   Exemplarische Darstellung von Game Hacks und Anti-Cheat-Software    8
    Interview: Dr. Andreas Lober kommentiert Game Hacking als Cybercrime    18
    Literatur    21

2 **Blockchain, Crypto Assets und Gamer Tokens: Von Pac Man zu Virtual Goods**    23
    2.1   Blockchain Technology und Bitcoin    31
    2.2   Virtual Goods und Crypto Assets: Wertschöpfung mit Gamer Tokens    37
    Interview: Prof. Dr. Swen Schneider – ‚Blockchain und Serious Games'    44
    Literatur    47

## 3 Monetarisierung von Computerspielen: Vom Algorithmus zur KI   51
    3.1    Künstliche Intelligenz und Wertschöpfung   70
    3.2    Wertschöpfung 4.0: Monetarisierungsmodelle für Games   81
    3.3    Topseller und Monetarisierung   93
    3.4    Indies und Majors: Monetarisierung und Ressourcen   98
    Literatur   104

## 4 Crytek Frankfurt: Real-Time Engine und Künstliche Intelligenz   109
    Interview: Pascal Tonecker   110

## Über den Autor

**Prof. Dr. Lutz Anderie** ist Autor von ‚Games Industry Management – Gründung, Strategie und Leadership' und ‚Gamification, Digitalisierung und Industrie 4.0 – Transformation und Disruption verstehen und erfolgreich managen', gilt als international anerkannter Experte für Digitalisierung und Branchenkenner der Games-, Medien- und Entertainmentindustrie. Er verfügt über umfangreiche Managementexpertise in der Unternehmensführung sowie der Vertriebs- und Marketingsteuerung. Er war für Sony Playstation, den führenden Anbieter von Games und Konsolen, tätig, ebenso für Atari, den Erfinder des kommerziellen Videogames, und Namco Bandai, den börsennotierten japanischen Games- und Spielwarenkonzern.

## Über den Autor

Prof. Dr. Anderie zeichnete für die Markteinführung von über 100 Videogames, einschließlich der Topseller Uncharted, Gran Turismo und The Witcher, verantwortlich. Er ist Professor für Wirtschaftsinformatik an der Frankfurt University of Applied Sciences (Frankfurt UAS) und Lehrbeauftragter der SRH Hochschule Heidelberg, Fakultät Information, Medien und Design. Als Fachexperte des federführend von der TU Darmstadt geleiteten und von der EU sowie dem Hessischen Ministerium für Wirtschaft, Energie, Verkehr und Wohnen geförderten WTT Serious-Games-Projekt unterstützt er den Wissens- und Technologietransfer. Prof. Dr. Anderie gründete sein erstes Unternehmen während seines Studiums. Er arbeitet als General Manager der kanadischen Advantage Group mit den 100 größten FMCG-Unternehmen, wie beispielsweise Coca Cola, Nestlé, Ferrero und Procter & Gamble in der Strategie- und Managemententwicklung. Digital-Leadership und Transformation, E-Commerce, Künstliche Intelligenz, Gamification und die Amazonisierung des Handels zählen zu seinen Kernkompetenzen.

# Abbildungsverzeichnis

| | | |
|---|---|---|
| Abb. 1.1 | Farming von In-Game Items (Virtual Goods) durch Bots | 17 |
| Abb. 2.1 | How Blockchain works | 33 |
| Abb. 2.2 | Aufbau und Bestandteile eines Blocks | 35 |
| Abb. 2.3 | Exemplarische Darstellung der Kettenstruktur einer Blockchain | 36 |
| Abb. 2.4 | Kontrollstrukturen-Matrix von Geldeinheiten | 39 |
| Abb. 2.5 | Verortung von Videogame Currencies in Kontrollstrukturen-Matrix von Geldeinheiten | 43 |
| Abb. 3.1 | Schwache KI und starke KI | 54 |
| Abb. 3.2 | Euklidischer Algorithmus | 57 |
| Abb. 3.3 | Collaborative Filtering – Netflix Recommendation Engine | 63 |
| Abb. 3.4 | Levels of Consciousness for different Species | 73 |
| Abb. 3.5 | Levels of Consciousness – Bewusstseinszustände – Künstliche Intelligenz | 74 |
| Abb. 3.6 | AI Technology Deep Learning | 77 |
| Abb. 3.7 | Künstliche Intelligenz und Vorhersagbarkeit | 79 |
| Abb. 3.8 | The AI Heat Map einschließlich der Verortung von Free-to-Play Games | 80 |
| Abb. 3.9 | Loot Box Monetization und Profit | 87 |

## Abbildungsverzeichnis

| | | |
|---|---|---|
| Abb. 3.10 | Abo-Modelle und Marktbedeutung ausgewählter Anbieter | 88 |
| Abb. 3.11 | Direct and Indirect Monetization | 100 |
| Abb. 4.1 | Trophäen und Awards dokumentieren die unzähligen Crytek-Erfolge | 111 |
| Abb. 4.2 | Born to meet – Ohne Agile und Scrum läuft auch bei Crytek nichts | 112 |
| Abb. 4.3 | Character Animation auf höchstem Niveau: Die CRYENGINE macht es möglich | 112 |

# Tabellenverzeichnis

| | | |
|---|---|---|
| Tab. 2.1 | Historische Entwicklung von Scoringmodellen zu Crypto Assets | 29 |
| Tab. 2.2 | Differenzierung von Tokens | 30 |
| Tab. 2.3 | Aufbau und Bestandteile eines Blocks | 35 |
| Tab. 2.4 | Grundlage Kriterienkatalog 1 – Prüfkriterien Assets | 40 |
| Tab. 2.5 | Grundlage Kriterienkatalog 2 – Prüfkriterien Geld | 41 |
| Tab. 2.6 | Prüfkriterien Gamer Tokens/Crypto Assets/Cryptowährungen/Videogame Currencies | 42 |
| Tab. 3.1 | Top Grossing Titles by Category nach Superdata | 94 |

# 1

# Game Hacking: Von der Raubkopie zum Cybercrime Game Hack

Dieses Buch fördert keine Piraterie, Verstöße gegen die DMCA, das EU-Urheberrecht oder andere Urheberrechte sowie Nutzungsbedingungen von Spielen. Game-Hacker wurden lebenslang für Spiele gesperrt, auf Millionen von Dollar oder Euro Schadensersatz verklagt und sogar inhaftiert.

> **Was Sie aus diesem Kapitel mitnehmen**
> - Ein Grundverständnis, wie Künstliche Intelligenz in Game Engines funktioniert
> - Einblicke, wie Game Hacker arbeiten und warum es eine hohe Kunst ist, ein Game zu hacken
> - Exemplarische Darstellung von Game Hacks und Anti-Cheat-Software
> - Hinweise zur Analyse von Anti-Cheat-Mechanismen in Computerspielen
> - Juristische Einschätzung aus der Helikopter-Perspektive im Hinblick auf das Cybercrime Game Hack

---

Wesentliche Teile des 1. Kapitels wurden mit freundlicher Genehmigung von Marius Christian Anderie entweder wörtlich oder inhaltlich aus der Masterarbeit ‚Analyse von Anti-Cheat-Mechanismen in Computerspielen', vorgelegt an der Philipps-Universität Marburg im Januar 2019, übernommen

© Springer-Verlag GmbH Deutschland, ein Teil von Springer Nature 2020
L. Anderie, *Quick Guide Game Hacking, Blockchain und Monetarisierung*, Quick Guide, https://doi.org/10.1007/978-3-662-60859-3_1

Dass Software schon immer illegal genutzt wurde, ist nichts Neues – das gilt auch für Computerspiele. Seit Anbeginn der Games-Branche wurden illegale Raubkopien auf Schulhöfen getauscht oder verkauft. Zu faszinierend war das neue verpixelte Produkt Videogame auf Diskette, als dass sich Schüler der Attraktivität hätten entziehen können. Die Verletzung von Urheberrechten war vielen nicht klar und im Sozialkundeunterricht wusste der Lehrer auch nicht so recht, wie es um die Rechtslage bei Games bestellt ist. Im Großen und Ganzen war klar, dass man sich beim Diskettentausch oder -kauf besser nicht erwischen ließ. Gleichzeitig hat die Games-Branche die Verbreitung von Raubkopien jahrelang geduldet – schließlich konnte so die Markenbekanntheit einer Game-IP gesteigert werden. Zur Konfusion beigetragen haben seinerzeit Freeware- und Shareware-Monetarisierungsmodelle – man konnte Games (vermeintlich) kostenlos spielen.

Mit der Einführung von Konsolen-Games und Cartridges (Atari) relativierte sich der illegale Tauschhandel etwas – doch der PC (Personal Computer) beflügelte die Software-Piraterie bei Games als nicht zu unterschätzendes Phänomen. Durch erweiterte Speicherkapazitäten wurde es ermöglicht, dass immer größere Datenmengen und somit attraktivere Games illegal in Umlauf gebracht wurden.

Das Ökosystem, bei dem die Hacker über die Skills und das Knowhow verfügten, die Games ‚zu knacken', die Intermediäre, die diese vertrieben, und die User, welche die Games kauften, funktionierte. Genauso wie Alkohol während der Prohibition in den USA, wurde das illegale Gut produziert (erst gehackt und dann raubkopiert) und dann über Netzwerke distribuiert. Jeder kannte ‚über ein paar Ecken' jemanden, der Games ‚billiger als im Laden' besorgen konnte (‚irgendwie vom Laster gefallen'). Unrechtsbewusstsein gab es bei den Usern eher selten. Es gab die Diskussion um das Recht auf die Privatkopie, zeitgleich häuften sich Gerüchte, dass Developer und Publisher ‚Buggy Games' in Umlauf brachten, um enttäuschte User für den Kauf legaler Games zu gewinnen.

Erst eine Kampagne der Gesellschaft zur Verfolgung von Urheberrechtsverletzungen (GVU) im Jahre 2006 führte dazu, dass medienwirksam Hausdurchsuchungen durch die Polizei vorgenommen wurden und signifikante Strafen verhängt wurden. Ähnlich dem Ankauf von Steuersünder-CDs wurde eine Strategie der Abschreckung verfolgt. Nach geraumer Zeit relativierten sich die GVU-Aktivitäten – einerseits sollte die Zielgruppe ‚nicht illegalisiert' werden, andererseits wurde durch den Auf- und Ausbau des Internets und des Webs die Online-Registrierung üblich. Nichtsdestotrotz gab es in Osteuropa einschließlich Russland illegale professionelle Kopierwerke, die gehackte Software über ‚Pirates' distribuierten. Die Aufgabe der Hacker war es, den Kopierschutz ‚zu knacken', was in der Regel innerhalb weniger Stunden oder Tage gelang. Oftmals wurde die Games-Software jedoch schon direkt im Development Studio gestohlen und vor dem Release-Termin illegal distribuiert.

Mit der Entwicklung von MMORPGs (Massively Multiplayer Online Role Play Games) seit dem Jahr 1999 wurden Hacker vor neue technologische Herausforderungen gestellt. Nun galt es, Cheat Software zu entwickeln, mit welchen Vorteile im Spielverlauf gegenüber Mitspielern generiert werden konnten.

> A hacker is an individual who intends to gain unauthorized access to a computer system. (…) by finding weaknesses in security protections website and computer system employ, often taking advantage of various features of the internet that makes it an open system and easy to use. (Laudon K. und Laudon J. 2019, S. 329)

Gleichzeitig galt es, für Game Development Studios diese kriminellen Aktivitäten einzudämmen. Keine einfache Aufgabe, da durch *‚reverse engineering'* und die Entwicklung von *‚rootkits'* durchaus professionelle *malicious software* entwickelt wurde, um Computerspiele zu hacken. Reverse Engineering, eine Teildisziplin des Software-Reengineering, wird von Hackern genutzt, um Games zu manipulieren.

Bruce Dang, Senior Security Development Engineering Lead bei Microsoft, erläutert das wie folgt (Dang et al. 2014, S. 3):

> (…) the reverse engineering learning process is similar to that of a foreign language acquisition for adults.

Und er sagt, dass diese ‚schwarze Kunst' von den Software-Ingenieuren und Codern zunächst einmal erlernt werden müsse, um sie dann zu bekämpfen.

Auch durch die Anbindung der Konsolen-Hardware an das Internet (2001), die Distribution von Games über Online-Plattformen wie Steam (2003) und die Entwicklung von Apps für das Smartphone (2007) wandelten sich die Anforderungen an das Game Hacking. Illegale Log-in Codes (Keys) galt es zu generieren oder von den Servern der Developer und Publisher zu stehlen – Cybercrime in seiner reinsten Form.

Allerdings gibt es durch sogenannte Expertensysteme die Möglichkeit, Cybercrime abzuwenden:

> Expertensysteme (XPS) sind angewandte KI, die Lösungen aus einer Wissensbasis ableiten und zu entsprechendem Handeln anregen. Im Bereich der Sicherheit können Sie Cyberattacken verhindern (Miranda 2019, S. 58). Cyber ist die englische Kurzform für Kybernetik, der Wissenschaft, die sich mit der Steuerung und Kommunikation von Systemen mit Maschinen und Menschen beschäftigt. Meist ist sie Teil von Begriffen, die mit der digitalen Welt und dem Internet zu tun haben, wie Cyberspace, Cybermobbing oder Cybercrime. (Miranda 2019, S. 54)

## 1.1 Cheat Engines: Künstliche Intelligenz und Black Hats

Künstliche Intelligenz wurde durch mannigfaltige Definitionen beschrieben. Deshalb bietet es sich an, eine Definition zu wählen, die von einem der bedeutendsten Unternehmen zitiert wurde, welche sich mit dem Themengebiet befassen: Google.

In einer Veröffentlichung von Google (Alphabet) aus dem Jahre 2018 wird Professor Wolfgang Wahlster, Leiter des Deutschen Forschungszentrums für Künstliche Intelligenz, in einem Interview mit folgender Definition zitiert (Google 2019, S. 23):

> Künstliche Intelligenz ist der Versuch, Leistungen, für die der Mensch Intelligenz benötigt, durch Computer erbringen zu lassen.

Jason Gregory, der in seinem Grundlagenwerk über Game Engine Architecture auch AI analysiert, führt dazu aus (Gregory 2019, S. 3):

> (...) all Game Engines contain the artificial intelligence system.

Das war nicht immer so, aber wie so oft hat die Games Industry technische Innovationen beschleunigt vorangetrieben – so auch die Entwicklung der Software, respektive die AI Middleware.

> Traditionally, artificial intelligence has fallen squarely into the realm of game specific software – it was usually not considered part of the game engine per se. More recently, however, game companies have recognized patterns that arise in almost every AI system, and these foundations are slowly starting to fall under the pureview of the engine proper. (Gregory 2019, S. 58)

Gregory erläutert Folgendes:

> A major component of most character-based games is artificial Intelligence (AI). At its lowest level, an AI system is usually founded in technologies like basic path finding, (which commonly makes use of the well-known A* algorithm), perception systems (...) and some form of memory or knowledge. On top of these foundations, character control logic is implemented. A character control system determines how to make the character perform specific actions (...). It usually involves complex interfaces to the collision, physics and animation systems within the engine. (Gregory 2019, S. 1164)

Gregorys Erläuterungen bestärken die Differenzierung zwischen ‚schwacher' (Narrow AI) und ‚starker' (General AI) Künstlicher Intelligenz, die auch in Game Engines differenziert zu betrachten sind. Im Hinblick auf Character Based Games zeigt er die starke KI wie folgt auf:

> Above the character control layer, an AI system typically has goal setting and decision making logic, and possibly also emotional state modeling

(empathy), group behaviors and perhaps some advanced features like an ability to learn from the past mistakes or adapt an changing environment (machine learning). (Gregory 2019, S. 984)

Gregory zögert nicht, die Limitierungen von AI in Game Engines zu benennen, und beschreibt diese folgendermaßen:

Of course, the term ‚artificial intelligence' is one of the biggest misnomers around the game industry. Game AI is always more of a smoke and mirrors job than an attempt at truly mimicking human intelligence. Your AI characters might have all sorts of complex internal and emotional states and finely tuned perception of the game world. But if the player cannot perceive the characters' motivations, it's all for naught. (Gregory 2019, S. 984)

Gregory befasst sich in seinem Standardwerk auch mit der Bedeutung von Cheats und führt dazu Folgendes aus (Gregory 2019, S. 606):

When developing or debugging a game, it's important to allow the user to break the rules of the game in the name of expediency. Such features are aptly name cheats. For example, many engines allow you to pick up the player character and fly him or her around in the game world, with collisions disabled so he or she can pass through all obstacles. (…) Other useful cheats include, but are certainly not limited to: ‚Invincible Player', ‚Give Player Weapon', ‚Infinite Ammo' and ‚Select Player Mesh'.

Die Entwicklung und Implementierung einer Cheat Software zum Hacken eines Computerspiels ist zweifelsohne eine Meisterleistung, gleichermaßen aber auch eine Form des Cybercrime, bei dem wirtschaftlicher Schaden entsteht. Hacker lassen sich in zwei Gruppen unterteilen: die Black Hats und die White Hats. Erstgenannte sind ‚bösartige', teilweise auch kriminelle Individuen, die entweder Games-Unternehmen einen Schaden zufügen oder einen persönlichen Nutzen aus ihren Aktivitäten ziehen möchten. Die White Hats sind Hacker, die über vergleichbare Coding-Fähigkeiten verfügen, diese allerdings dafür einsetzen, Schaden abzuwenden.

Durch die zunehmende Bedeutung von E-Sports und MOBA (Multiplayer Battle Online Arena) Games werden auf Turnieren hohe Preisgelder gezahlt. Als jüngstes Beispiel kann hier die Fortnite-Weltmeisterschaft in New York angeführt werden, bei der Preisgelder in Millionenhöhe ausgeschüttet wurden. Zahlreiche Teams wurden im Qualifying gesperrt, da sie sich mit Cheat Software Vorteile zu verschaffen suchten (Pommerenke 2019).

Cheat Software kann deshalb durchaus signifikanten monetären Wert haben. Cheat Software für Counterstrike (eines der beliebtesten eSports Games), die dazu führt, dass der Player den Gegner stets mit einem Headshot eliminieren kann, generiert in jedem Fall maximale Punktzahl im Scoring. Deshalb wird dieses illegale Produkt auf ‚dubiosen' Seiten im Web (Darknet) verkauft – teilweise aber auch auf eBay. Der Schaden, der durch Hackerangriffe entsteht, ist schwer zu quantifizieren, da diese Aktivitäten illegal sind. Deshalb bleibt, bei aller Faszination, die das Thema in der Zielgruppe auslöst, festzuhalten, dass es sich bei Game Hacking um eine moderne Form des Cybercrime handelt.

Game-Hacker manipulieren Prozesse, um Aspekte eines Spiels zu automatisieren oder Spielmechaniken zu verändern (Anderie M. 2019b, S. 1).

> While game hackers work to reverse engineer game binaries, automate aspects of game play, and modify gaming environments, game developers combat the hacker-designed tools (normally referred to as bots) using anti-reversing techniques, bot detection algorithms, and heuristic data mining. (Cano 2016, S. 4)

> (…) C++ is de facto standard for both game and bot development. (Cano 2016, S. 66)

Spiele-Entwickler und Dev Studios nutzen Anti-Cheat-Systeme (Anti-Cheat-Software) im Rahmen der IT Security, um diese Manipulationen zu verhindern. ‚Der Kampf' zwischen Game-Hackern und Spiele-Entwicklern ist ein über Jahrzehnte gewachsener Konflikt, bei dem die eingesetzten Angriffs- und Abwehrtechniken immer komplexer geworden sind. Deshalb gilt es, die Grundlagen der Angriffsmethoden von Game-Hackern und die Abwehrmechanismen der Anti-Cheat-Entwickler zu verstehen. Die Bandbreite der exemplarisch dargestellten Methoden umfasst sowohl aktuelle Topseller wie ‚Fortnite – Battle Royale' (2017) als auch Longseller wie ‚Counter-Strike: Global Offensive' (2012) (Anderie M. 2019b, S. 74).

## 1.2 Exemplarische Darstellung von Game Hacks und Anti-Cheat-Software

Befasst man sich mit Cheat Codes, gilt es zwischen jenen von Spieleentwicklern bewusst einprogrammierten ‚erlaubten Cheats', sogenannten ‚echten' Cheats und den illegalen von Hackern programmierten Cheats zu differenzieren. Die Bezeichnung Cheat Code wird unter Hackern für diese Art von (legalen) Cheats verwendet.

Cheat Codes sind in viele Singleplayer-Spiele einprogrammiert, um die User Experience (UX) zu erhöhen. So kann beispielsweise in dem Topseller Game GTA durch eine Abfolge von Eingaben ‚ein Panzer vom Himmel fallen'.

Die Entwickler des populärsten Anti-Cheat-Systems ‚Easy Anti-Cheat' (EAC) differenzieren zwischen zwei Optionen, um Hackerangriffe abzuwehren: server- und clientseitige Anti-Cheat-Mechanismen. Bei der serverseitigen Abwehr setzt EAC maschinelle Lernverfahren (Machine Learning/Künstliche Intelligenz) ein, um auffälliges Spielerverhalten zu erkennen (Rautava und Allaey 2016).

Diese wiederum unterteilen sich in vier Cheat-Kategorien (Rautava, Respawn – Gathering of Game Developers 2016):

- Exploits
- Automatisierung
- Overlays
- State Manipulation

Bei Exploits handelt es sich um fehlerhaft programmierte Mechaniken in einem Spiel, die ausgenutzt werden können, um sich Vorteile zu verschaffen. Bei Automatisierungs-Cheats können Spielvorgänge so automatisiert werden, dass der Spieler Belohnungen erhält, ohne aktiv am Spiel teilnehmen zu müssen. Eine weitere Möglichkeit ist die Automatisierung von Bewegungsabläufen, wie beispielsweise Mausbewegungen, um die Treffgenauigkeit des Spielers zu erhöhen. Bei Overlay-Cheats handelt es sich um Cheats, die dem Spieler zusätzliche Informationen auf die Spieloberfläche zeichnen. Diese können beispielsweise verwendet werden, um gegnerische Spieler, die sich hinter Wänden befinden, auf die Spieloberfläche zu zeichnen. Cheats, die State Manipulation vornehmen, verändern grundlegende Spielmechaniken. Dazu gehören beispielsweise Speed-Hacks, die die Geschwindigkeit eines Spielers erhöhen (Anderie M. 2019b, S. 2).

Im Hinblick auf die Verfügbarkeit und (in der Regel illegale) Distribution von Cheats lässt sich ‚der Markt' folgendermaßen differenzieren:

- Kostenlose, öffentlich verfügbare Cheats
- Bezahlte, öffentlich beworbene Cheats
- Bezahlte, private Cheats
- Private, exklusive Cheats

Kostenlose, öffentlich verfügbare Cheats werden in Foren geteilt und dienen dem Austausch von Informationen. Bezahlte, öffentlich beworbene Cheats werden zumeist von illegalen oder in einer rechtlichen Grauzone operierenden Unternehmen vertrieben. Diese bieten Cheats auch in Form von monatlichen Abonnements (Subscription based) an. Die monatliche Abogebühr für die Nutzung eines Cheats beläuft sich dabei im Schnitt auf 20–25 US$.

Bezahlte, private Cheats werden in geschlossenen Communities verkauft. Um diesen beitreten zu dürfen, müssen Nutzer zumeist ihre Identität preisgeben und sich über einen längeren Zeitraum aktiv in der Community beteiligen. Der Verkauf der Cheats beläuft sich dann auf etwa an bis zu 50 Personen und beträgt den Preis von 40–50 US$

pro Monat. Außerdem gibt es private, exklusive Cheats, die lediglich an einzelne Personen verkauft werden, wobei ein Erlös von bis zu 1.000 US$ erzielt werden kann (Rautava und Allaey 2016).

Je kleiner der Kreis der Personen ist, die bestimmte Cheats verwenden, desto geringer ist die Chance, dass diese von Anti-Cheat-Entwicklern detektiert werden. Gemäß der Preis-Absatz-Funktion der Marketinglehre (Anderie L. 2016, S. 156) steigt der Preis für einen Cheat, je geringer dessen verkaufte Menge ist.

Um Games vor Hacker-Angriffen zu schützen, arbeiten Developer mit sogenannten Penetration-Testing-Frameworks, welche die jeweils aktuellsten Angriffsmethoden von Cheat-Entwicklern prüfen. Dies ermöglicht, den Schutz von Spielsoftware zu testen. Die Angriffsmethoden können in grundlegende und fortgeschrittene Angriffsmethoden unterteilt werden. Bei den grundlegenden Angriffsmethoden werden beispielhafte Manipulationen an einem Prozess vorgenommen, die typisch für die Manipulation von Spielprozessen sind. Diese berücksichtigen nicht die mögliche Existenz von Anti-Cheat-Mechanismen und führen den Angriff daher ohne den Versuch aus, Anti-Cheat-Mechanismen zu umgehen (Anderie M. 2019b, S. 3). Im Folgenden werden Angriffsmethoden erläutert, zunächst im Hinblick auf die Manipulation eines Windows-Prozesses und im Anschluss auf die zusätzlich aktuellen Anti-Cheat-Systeme:

**DLL Injections**

> Imagine being able to walk into a game company's office, sit down, and start adding to their game client. (…) Code injection is a means of forcing any process to execute foreign code within its own memory space and execution context. (Cano 2016, S. 133)

Unter Windows werden „Dynamic Link Libraries" (DLLs) verwendet, um ausführbare Module in den Adressraum eines Prozesses zu laden. DLLs sind fester Bestandteil der Windows-Architektur und erlauben es ausführbaren Dateien, dynamisch Module zu laden, die zur Ausführung benötigt werden. So lädt beispielsweise jeder Prozess die DLL „ntdll.

dll", da diese verwendet wird, um eine ausführbare Datei zu initialisieren (Russinovich et al. 2017).

Allerdings kann diese Funktionalität auch verwendet werden, um ausführbare Module in einen Prozess zu laden, die von den Entwicklern des Programms nicht erwünscht sind. Im „Game Hacking" können DLLs in einen Spielprozess geladen werden, um Manipulationen im Adressraum des Spielprozesses vorzunehmen und sich so Vorteile im Spiel zu verschaffen.

Um eine DLL in den Adressraum eines Prozesses zu laden, wird zunächst Speicher innerhalb des Prozesses benötigt, der der Größe des Pfades zur betroffenen DLL entspricht. (Anderie M. 2019b, S. 23)

> (…) using cheat engines requires working with memory and will be essential when you write bots, and your code will need to know how to do so. (Cano 2016, S. 119)

Um Speicher im Adressraum eines externen Speichers zu reservieren, kann die Windows-API-Funktion „VirtualAllocEx" verwendet werden. Dieser wird die Referenz auf einen Zielprozess und die gewünschte Speichergröße übergeben, woraufhin diese den Speicher anlegt. Nachdem Speicher, der der Größe des Pfades der zu ladenden DLL entspricht, auf dem Zielprozess reserviert wurde, kann der Pfad der DLL in den betroffenen Speicher geschrieben werden. Dies kann mit der Windows-API-Funktion „WriteProcessMemory" durchgeführt werden. Dieser Funktion kann eine Referenz auf einen Zielprozess und eine Referenz auf einen Speicher übergeben werden, woraufhin die Funktion den übergebenen Speicher in den Zielprozess lädt. Nachdem dem Zielprozess der Pfad der betroffenen DLL in den Speicher geschrieben wurde, kann ein neuer Thread auf dem Zielprozess erzeugt werden, welcher für das Laden der gewünschten DLL verantwortlich ist. Zur Erzeugung eines neuen Threads auf einem Zielprozess kann die Windows-API-Funktion „CreateRemoteThread" verwendet werden. Dieser Funktion werden unter anderem die Referenz auf den Zielprozess, die Startadresse des auszuführenden Codes und ein Parameter übergeben, der vor Ausführung des Codes auf den Stack gelegt werden kann. Als Startpunkt des Threads wird die Funktion „LoadLibrary" angegeben, welcher als Parameter die Adresse des Speichers übergeben wird, in dem der Pfad der zu ladenden DLL gespeichert ist. Um die Adresse der Funktion „LoadLibrary" zu erhalten, muss zunächst die Basisadresse des Moduls, welches diese Funktion enthält, abgefragt werden. Die Funktion „LoadLibrary" befindet sich im Modul „kernel32.dll", dessen Basisadresse über die Windows-API-Funktion „GetModuleHandle" abgerufen werden kann. Daraufhin kann die Windows-API-Funktion „GetProcAddress" verwendet werden, um die Adresse der Funktion innerhalb des Moduls abzufragen. Auf diesem Wege wird die Funktion „LoadLibrary" im Adressraum des Zielprozesses ausgeführt, welche den Pfad der betroffenen DLL nutzt, um diese in den Zielprozess zu laden. Im Anschluss kann die Windows-API-Funktion „WaitForSingleObject" vom externen Prozess genutzt werden, um zu kontrollieren, ob der Thread erfolgreich auf dem Zielprozess beendet wurde. Im folgenden Codeabschnitt ist vereinfacht dargestellt, wie die beschriebenen Funktionen genutzt werden können, um eine DLL in einen Zielprozess zu laden (Anderie M. 2019b, S. 24).

```
1. int LoadDll ( HANDLE hProcess , const WCHAR * dllPath ) {
2. int namelen = wcslen ( dllPath ) +1;
3. LPVOID remoteMemory;
4. remoteMemory = VirtualAllocEx ( hProcess , namelen , PAGE_
   EXECUTE );
5. WriteProcessMemory ( hProcess , remoteMe-
   mory , dllPath , namelen );
6. HMODULE k32 = GetModuleHandle (" kernel32.dll");
7. LPVOID funcAddr = GetProcAddress ( k32 , " LoadLibrary ");
8. HANDLE thread;
9. thread = CreateRemoteThread ( hProcess , funcAddr , remote-
   Memory );
10. DWORD status = WaitForSingleObject ( thread , INFINITE );
11. CloseHandle ( thread );
12. }
```

**Manual Mapped Driver Attack**
Diese Angriffsmethode der Hacker dient der Manipulation eines Spiels bei der gleichzeitigen Umgehung von Anti-Cheat-Methoden der IT Security. Dafür wird, über die Ausnutzung von Sicherheitslücken zertifizierter Treiber, ein unsignierter Windows-Treiber in das System geladen.
Windows-Treiber arbeiten im Speicherbereich des Kernels und ermöglichen Angriffsmethoden, die schwieriger nachzuvollziehen sind als Angriffsmethoden aus dem Usermode. Deshalb ist es unabdingbar,

> (...) principles and techniques necessary for analyzing kernel mode driver code, such as rootkits, on the windows platform (...)

zu verstehen,

> (...) because drivers interact with the OS (Operations System) through well-defined interfaces.
> (Dang et al. 2014, S. 87)

Es ist Windows-Treibern beispielsweise möglich, sich mit der Windows-Kernel-Funktion „KeStackAttachProcess" an den Adressbereich eines beliebigen Usermode-Prozesses zu heften und den Speicher mithilfe der Windows-Kernel-Funktion „RtlCopyMemory" zu manipulieren. Anti-Cheat-Mechanismen ist es nur schwer möglich, diese Speichermanipulationen zu entdecken, da nicht alle Windows-Kernel-Funktionen überwacht werden können, ohne dass dies zu starken Performance-Einbußen und Instabilitäten führen würde. Selbst wenn alle Windows-Kernel-Funktionen, die Speicher manipulieren, überwacht werden würden, wäre es Angriffsmethoden weiterhin möglich, mithilfe des „cr3"-Registers, welches den Startpunkt der Übersetzungstabellen des virtuellen Speichers eines Prozesses enthält, Speicher manuell auszulesen oder zu schreiben.

Es existieren zahlreiche signierte Windows-Treiber mit Sicherheitslücken, durch die Usermode-Programme Zugriff auf den Kernel erlangen. Eine solche Sicherheitslücke wird verwendet, um einen

Treiber manuell in das System zu laden. Dies umgeht das von Windows eingeführte „Driver Signature Enforcement", welches dafür sorgt, dass nur von Windows signierte Treiber geladen werden dürfen. Nachdem der Treiber manuell geladen wurde, verwendet er die Windows-Kernel-Funktion „MmCopyVirtualMemory", um Speicher in dem Spielprozess auszulesen oder zu schreiben. Dabei werden Detektions-Vektoren vermieden, die von Anti-Cheat-Mechanismen verwendet werden, um Angriffe aus dem Kernel zu entdecken. Im Folgenden wird beschrieben, wie die Angriffsmethode einen Treiber manuell in den Kernel lädt, um im Anschluss Lese- und Schreiboperationen auf dem Speicher eines Prozesses auszuführen (Anderie M. 2019b).

Sobald Zugriff auf den Speicherbereich des Kernels besteht, kann Speicherplatz reserviert werden, in welchen der Treiber geladen wird. Nachdem die grundlegende Struktur des Treibers in den Speicher geladen wurde, müssen die verwendeten Module des Treibers diesem zugänglich gemacht werden.

Um die benötigten Module des Treibers ausfindig zu machen, wird zunächst über dessen „Image Import Descriptor" iteriert. Daraufhin wird die Windows-API-Funktion „NtQuerySystemInformation" verwendet, um eine Liste aller Kernel-Module zu erhalten. Über diese Liste wird iteriert, bis das gesuchte Kernel-Modul gefunden wurde. Daraufhin wird die Basisadresse des Moduls für den späteren Import hinterlegt. Im Anschluss wird über Funktionen, die der Treiber aus diesem Modul verwendet, iteriert und der Name der Funktion hinterlegt. Im Anschluss daran werden auf diese Weise die Basisadressen der verwendeten Module hinterlegt und die Namen der verwendeten Funktionen gespeichert, sodass mithilfe des Capcom-Treibers die Windows-interne Funktion „RtlFindExportedRoutineByName" aufgerufen werden kann, welche die Position der entsprechenden Funktion zurückliefert. Um auf nicht dokumentierte Windows-Funktionen zuzugreifen, kann die Windows-Kernel-Funktion „MmGetSystemRoutineAddress" verwendet werden. Der folgende Code stellt dar, wie die undokumentierte Funktion „RtlFindExportedRoutineByName" verwendet werden kann.

# 1 Game Hacking: Von der Raubkopie zum Cybercrime Game Hack

```
1. typedef PVOID (* RtlFindExportedRoutineByName_t ) ( PVOID
   ImageBase , PCHAR RoutineName );
2. RtlFindExportedRoutByName_t RtlFndExprtdRoutByName;
3. void GetAddress () {
4. RtlFndExprtdRoutByName = MmGetSystemRoutineAddress ("RtlFin-
   dExportedRoutByName");
5. }
```

Zunächst wird der Prototyp der Funktion definiert. Im Anschluss wird die Windows-Kernel-Funktion „MmGetSystemRoutineAddress" verwendet, um die Adresse der Funktion abzurufen. Somit ist es möglich, die Funktionen zu finden, die der manuell geladene Treiber verwendet.

Weitere Ausführungen finden sich in der Quellliteratur ‚Analyse von Anti-Cheat-Mechanismen in Computerspielen', der Masterarbeit von Marius Anderie, die im Januar 2019 an der Philipps-Universität Marburg vorgelegt wurde. Die Anti-Cheat-Systeme Easy Anti-Cheat (Epic Games), BattlEye, Valve Anti-Cheat (Valve Corporation) und Warden (Blizzard Entertainment) wurden empirisch getestet und ausgewertet. Dafür wurden folgende Spiele gewählt:

- Counter Strike: Global Offensive
- Warhammer: Vermintide 2
- Rust
- Fortnite
- Battle Royal
- DayZ
- Diablo III
- Overwatch

Die Testergebnisse finden sich ebenfalls in der genannten Masterarbeit (Anderie M. 2019b). Weitere Erläuterungen zum Game Hacking finden sich in einem komplementär zum Thema veröffentlichten YouTube-Video (Keyword Anderie) bzw. in dem Quellenverzeichnis unter (Anderie L., Games Industry Management, 2019a).

Wie Developer und Publisher gegen Cheatsoftware vorgehen können, erläutert Dr. Andreas Lober, Anwalt und seit Jahrzehnten einer der renommiertesten Experten für Games und Medienrecht, in einem Beitrag von gamesindustry.biz (Lober 2020). Durch den Erfolg von Fortnite und PlayerUnknown's Battlegrounds, bei welchen Tausende – manchmal Millionen – Gamer gegeneinander antreten, gilt es, Rechtssicherheit für Gamer, Publisher und Developer zu schaffen.

Maßnahmen gegen einzelne Spieler – wie das vorübergehende Aussetzen oder dauerhafte Sperren – sind eine Möglichkeit, die Publisher in ihre Nutzungsbedingungen aufnehmen, und sie können somit die Verwendung von Cheatsoftware verbieten. Verstöße gegen diese Bestimmungen ermöglichen es, den Vertrag mit dem Spieler aus wichtigem Grund zu kündigen. Dieses erfordert jedoch eine ständige Überwachung der Spieleserver, was eine kostspielige Übung ist.

Eine nachhaltigere Lösung ist beispielsweise der Schutz der durch das Markenrecht geboten wird, wenn der Name der Cheatsoftware auf Marken des Spieleherstellers Bezug nimmt, da dies häufig eine Verletzung ihrer Rechte darstellt.

Nach dem Urheberrecht genießt der Verlag eine Vielzahl unterschiedlicher Schutzrechte. Der Entwickler oder Herausgeber von Cheatsoftware überschreitet in der Regel die Nutzungsrechte, die ihm in den Nutzungsbedingungen eingeräumt werden, insbesondere die Verwendung von Games Software für kommerzielle Zwecke. Bei der Entwicklung oder dem Vertrieb von Cheatsoftware reproduzieren die Eigentümer die Spielesoftware regelmäßig für kommerzielle Zwecke (z. B. zur Herstellung, zum Testen oder zur Bewerbung ihrer Cheatsoftware). Aufgrund des hybriden Charakters von Computerspielen, die sowohl urheberrechtlich geschützten Code als auch andere urheberrechtlich geschützte Werke wie Audio und Video enthalten, können sich Entwickler von Cheatsoftware auch nicht auf Ausnahmen stützen, die für das Reverse Engineering von Computerprogrammen gemäß Artikel 5 Absatz 3 der Richtlinie 2009/24/EG des Europäischen Parlaments und des Rates vorgesehen sind.

# 1 Game Hacking: Von der Raubkopie zum Cybercrime Game Hack

Stefan Marcinek, Mitglied des Vorstands von game – Verband der deutschen Games-Branche e. V., erläuterte, dass Log-in Codes (Keys) für Games in großem Ausmaß nicht autorisiert genutzt werden. Der Diebstahl von Log-in Codes erfolgt dann im B2B-Bereich durch Webshops, die Games distribuieren. Marcinek empfiehlt, die Abrechnungen der Webshops genau zu monitoren und nicht abgerechnete Keys zurücksenden zu lassen. Der Missbrauch muss nicht zwingend durch den Webshop-Betreiber initiiert werden, sondern es besteht auch die Möglichkeit, dass Mitarbeiter Log-in Codes aus einem Batch entwenden, in der Hoffnung, dass diese ‚nicht erwischt werden'. Diese Log-in Codes werden dann in anderen Shops zur Vermarktung zur Verfügung gestellt.

Eine rechtliche Grauzone ist die Entwicklung von Bots, die Game Hacker nutzen, um beispielsweise durch Farming bei dem Spiel World of Warcraft Virtual Goods zu generieren. Diese werden dann beispielsweise über zahlungswillige User auf eBay verkauft. Abb. 1.1 dokumentiert das Farming und den Verkauf auf eBay.

**Abb. 1.1** Farming von In-Game Items (Virtual Goods) durch Bots

## Interview: Dr. Andreas Lober kommentiert Game Hacking als Cybercrime

© Beiten Burkhardt

**Dr. Andreas Lober ist Anwalt und Partner bei Beiten Burkhardt in Frankfurt. Er gilt als einer der renommiertesten Experten für Games und Medienrecht.**

**Frage: Können Sie einschätzen, wie hoch der Schaden ist, der durch Game Hacking jährlich entsteht?**
Das ist schwer für die gesamte Games-Branche zu quantifizieren. Der weltweite Schaden, der durch Cyberkriminalität entsteht, wird auf 600 Mrd. US$ geschätzt – nicht beschränkt auf die Spielebranche. Auch in der Games-Branche wird ein enormer Schaden entstehen. Wir wissen, dass bei einzelnen Spielepublishern erheblicher Schaden entsteht – Anbieter von Onlinespielen unterhalten ganze Abteilungen zur Abwehr von Hacks, zudem wird externe Software eingekauft. Die Kosten sind also schon zur Vermeidung von Hacks sehr hoch. Ganz zu schweigen von den Kosten, wenn es tatsächlich zu Hacks gekommen ist – wir reden hier von IT-seitigen Kosten, von Kosten für den Community-Support und von abwandernden Spielern, insbesondere wenn Spiele als „Cheat-verseucht" gelten. Bei der Abwehr einer heftigen Denial-of-Service-Attacke sind die Kosten für das betroffene Unternehmen schnell im sechsstelligen Bereich. Spiele, die als „Cheat-verseucht" gelten, gehen ganz schnell

insgesamt den Bach runter. Insofern nehmen wir aber an, dass diese Kunden nicht der Spielebranche insgesamt verloren gehen, sondern nur dem jeweiligen Spiel – das heißt, sie werden dann andere Spiele spielen. Und auch von den Kosten für die Abwehr von Hacks profitieren ja Firmen, die sich darauf spezialisiert haben. Als neuer „Schadensposten" kommt hinzu, dass dann, wenn personenbezogene Daten betroffen sind, auch heftige Bußgelder nach der Datenschutz-Grundverordnung verhängt werden können. Die englische Datenschutzbehörde hat in diesem Jahr bereits zwei Bußgelder angekündigt, die jeweils bei über 100 Mio. EUR liegen sollen und mit unzureichendem Datenschutz bzw. unzureichender Datensicherung zu tun haben.

**Frage: Können Sie über Ihren schlimmsten Fall von Game Hacks berichten oder ist dieser geheim?**
Als Anwalt unterliege ich der Schweigepflicht, sodass ich keine konkreten Fälle offenlegen kann. Ich wüsste auch nicht „den schlimmsten Fall". Auffällig ist aber, dass viele begnadete Hobby-Hacker sowohl uns als Anwälte als auch die Spielepublisher unterschätzen. So kommt es immer wieder vor, dass Zugriff auf rechtsverletzende Inhalte nur dann geblockt wird, wenn wir versuchen, von unserer IP-Adresse zuzugreifen oder von der des Publishers, oder dass man dann auf harmlose Seiten umgeleitet wird – oder auf ganz schlimme. Das kommt gar nicht so selten vor.

**Frage: Wie ist denn normalerweise Ihre Vorgehensweise, wenn Sie gegen Hacker vorgehen?**
Wir sammeln zunächst Beweise und sichern diese. In vielen Fällen mahnen wir den Hacker zunächst ab – in anderen stellen wir direkt Strafanzeige oder lassen die Server beschlagnahmen oder, zusammen mit Sachverständigen und eventuell der Polizei, besichtigen – ohne vorherige Ankündigung.

**Frage: Hacker sind in der Regel intelligente Menschen, die häufig kein Unrechtsbewusstsein haben. Was kann man aus juristischer Sicht dulden und was geht gar nicht?**
Wer ein Spiel als „Herausforderung" hackt, aber nicht manipuliert und nichts dazu veröffentlicht, begeht zwar eine Rechtsverletzung.

In der Regel werden Spielepublisher hier aber nicht hart vorgehen, insbesondere dann nicht, wenn ihnen der Hacker die Sicherheitslücke mitteilt. Wenn aber Daten manipuliert werden oder an die Öffentlichkeit gelangen oder die Sicherheitslücke öffentlich gemacht wird, wenn Cheats oder Hacks verkauft oder auch kostenfrei oder gegen Spende öffentlich vertrieben werden oder der sogenannte „private Server" öffentlich ist, hört in der Regel der Spaß ganz schnell auf.

**Frage: In der Regel vertreten Sie natürlich die Interessen von Development Studios und Publishern. Hatten Sie schon einmal Mitleid mit einem Hacker?**
Mitleid ist hier sicher die falsche Kategorie. Wir versuchen aber in aller Regel, mit Augenmaß vorzugehen. Wenn sich ein Hacker schnell einsichtig zeigt, ist das Vorgehen gegen ihn meist weniger hart als in Fällen, in denen er einen – salopp gesagt – erst einmal für dumm verkaufen möchte. Ausnahmen bestätigen die Regel: Gelegentlich muss ein Publisher auch Zeichen setzen, um etwaige Nachahmer abzuschrecken.
**Vielen Dank für das Gespräch.**

> **Ihr Transfer in die Praxis**
> Fragen, die man sich stellen sollte, bzw. Schritte, die man zwecks Umsetzung unternehmen sollte
>
> - Erstellen einer Risiko-Analyse des gefährdeten Game-Portfolios
> - Überprüfung der IT Security im Hinblick auf das Cybercrime Game Hacking
> - Erstellen eines Maßnahmenkatalogs, um Game Hacking zu vermeiden
> - Definition der Toleranzgrenzen: Bis zu welchem Grad dulde ich Game Hacks als Development Studio oder Publisher?
> - Wie gehe ich gegen Hacker, gegebenenfalls auch juristisch, vor?

## Literatur

Anderie, L. (2016). *Games Industry Management: Gründung, Strategie und Leadership – Theoretische Grundlagen* (1. Aufl.). Heidelberg: Springer Gabler.

Anderie, L. (2019a). Anderie – Games industry management/game hacking featuring Marius Anderie. https://www.youtube.com/watch?v=spk51iRKxCQ. Zugegriffen: 23. Sept. 2019.

Anderie, M. (2019b). *Analyse von Anti-Cheat-Mechanismen in Computerspielen*. Masterthesis. Marburg: Universität Marburg.

Cano, N. (2016). *Game hacking: Developing autonomous bots for online games*. San Francisco: No Starch.

Dang, B., Gazet, A., & Bachaalany, E. (2014). *Practical reverse engineering: x86, x64, ARM, windows kernel, reversing tools, and obfuscation*. Indianapolis: Wiley.

Google. (2019). Aufbruch Künstliche Intelligenz – Was sie bedeutet und wie sie unser Leben verändert.

Gregory, J. (2019). *Game engine architecture* (3. Aufl.). Boca Raton: CRC Press.

Laudon, K. C., & Laudon, J. P. (2019). *Management information systems – Managing the digital firm*. Upper Saddle River: Harlow Pearson.

Lober, A. (2020). Gamesindustry.biz. https://www.gamesindustry.biz/articles/2020-02-05-cheat-software-in-online-games-how-can-publishers-level-the-playing-field. Zugegriffen: 11. Febr. 2020.

Miranda, L. D. (2019). *30-second AI & robotics*. United Kingdom: Ivy.

Pommerenke, T. (2019). Spiegel Online. https://www.spiegel.de/sport/sonst/fortnite-wm-in-new-york-als-e-sport-ein-flop-a-1279092.html. Zugegriffen: 23. Sept. 2019.

Rautava, A., & Allaey, S. (2016). Steam Dev Days. *Anti-cheat for multiplayer games*. o. A.

Rautava, A. (2016). Respawn – Gathering of game developers 2016. https://respawngatheringofgamedevel2016.sched.com/aarni. Zugegriffen: 23. Sept. 2019.

Russinovich, M. E., Solomon, D. A., & Ionescu, A. (2017). *Windows internals, part 1: System architecture, processes threads, memory management and more* (7. Aufl.). Redmond: Microsoft.

# 2

# Blockchain, Crypto Assets und Gamer Tokens: Von Pac Man zu Virtual Goods

> **Was Sie aus diesem Kapitel mitnehmen**
> - Ein Grundverständnis, wie eine Blockchain funktioniert
> - Einblicke, wie Blockchain Games basierend auf Ethereum arbeiten
> - Exemplarische Darstellung von In-Game Items und ihrem Wert als Virtual Asset
> - Hinweise zur Analyse von Kryptowährungen und virtuellem Content in Computerspielen
> - Einschätzung bezüglich der Bedeutung von Tokenization und deren Komplexität

Die Blockchain, eine Teildisziplin der Distributed-Ledger-Technologie, ist eine der wichtigsten jüngeren IT-Entwicklungen unseres Jahrtausends. Experten vergleichen diese mit der Evolution des Internets, vom Web 1.0 zum Web 2.0 – die Grundvoraussetzung dafür, dass Unternehmen wie Google und Facebook signifikante wirtschaftliche Erfolge verzeichnen können (Frankfurt School of Finance and Management 2019).

Aufgrund der hohen technischen Innovations- und Adaptionsrate der Games Industry ist es nicht überraschend, dass bereits zahlreiche Blockchain Games, die synonym auch als Crypto Games bezeichnet werden, entwickelt und veröffentlicht wurden.

Blockchain technology and gaming are a match made in heaven. (How-ToToken Team 2018)

Zweifelsohne ist die Kombination aus Games Industry und Blockchain Technology ein relativ neues, gleichermaßen aber auch hoch relevantes Forschungsgebiet, in welchem auch das Finanzwesen und die Geldpolitik von Relevanz sind. An der Schnittstelle zwischen Games, Blockchain und Finanzindustrie ergeben sich zahlreiche Synergien, die es zu nutzen gilt. Wie so oft bei neuen Forschungsfeldern gibt es eine Vielzahl von Begriffen, Schlagworten und Definitionen, die teilweise synonym oder aus unterschiedlichen Perspektiven verwendet werden und deshalb zur Verwirrung führen können.

Professor Dr. Philipp Sandner, Leiter des Frankfurt School Blockchain Center, erläuterte deshalb im Mai 2019 auf der Crypto-Assets-Konferenz auf die Frage, ob man denn nun über Crypto Currencies, Crypto Assets oder Crypto Tokens konferieren würde, dass die Begriffswelt *structuring and clarification* benötige (Goepfert 2019). Sicherlich eine richtungsweisende Einschätzung angesichts der Tatsache, dass auf der Konferenz von verschiedenen Rednern zwischen Security Tokens, Currency Tokens, Equity Tokens, Payment Tokens und Utility Tokens, um einige zu benennen, differenziert wurde.

Ein ICO (Initial Coin Offering) war bis vor wenigen Monaten ,das Hype-Thema' im Finanzwesen. Im Wesentlichen handelt es sich hierbei um einen unregulierten Börsengang, der basierend auf einer Kryptowährung geplant oder realisiert wird. Dieser wird durch die Blockchain Technology ermöglicht und durch den Verkauf sogenannter Tokens (Token Sale) realisiert (vgl. Özbek 2019).

An dieser Stelle wird bewusst auf die Ausführung weiterführender finanztechnischer Details verzichtet. Um den Bezug zur Games-Branche aufzuzeigen, sei zunächst auf die Begrifflichkeiten Coins (ICO) und Tokens verwiesen.

Die Games Industry, die im Vergleich zur Blockchain Technology 40 Jahre länger Bestand hat, verwendet ebenfalls eine Vielzahl an Begrifflichkeiten, die *structuring and clarification* benötigen: Coins, Gamer Tokens, In-Game Items, Punkte, Credits, Downloadable Content (DLC), Extraleben, Superkräfte, Gegenstände, Charaktere, virtuelle

Güter (Virtual Goods), Virtual Assets, Digital Assets, Digital Items, Kryptowährungen, Crypto Assets, Videogame Currency – die Liste ist lang und hat keineswegs einen Anspruch auf Vollständigkeit.

Der kleinste gemeinsame Nenner scheinen die Begriffe Coins und Tokens zu sein, welche sowohl von der Games Industry, der Blockchain Community, der Finanzwirtschaft als auch der für die Geldpolitik verantwortlichen Bundesbank und EZB verwendet werden (Handelsblatt 2016).

Der game – Verband der deutschen Games-Branche e. V. weist mittlerweile die Umsätze für sogenannte In-Game Items in seinen Marktanalysen regelmäßig als In-Game-Käufe aus.

Alle Stakeholder haben ein gemeinsames Interesse: virtuelle Güter zu quantifizieren. Möglicherweise wird es der in Berlin ansässigen International Token Standardization Association (ITSA) gelingen, zur Strukturierung beizutragen. Während zahllose Institutionen noch diskutierten, hatte die Games Industry schon einmal angefangen zu handeln (im doppelten Sinne): Auf der Plattform Gamer Token konnten auf einem digitalen Marktplatz *unique in-game items* game- und publisherübergreifend gehandelt werden. Die First-Mover-Strategie war jedoch nicht von Erfolg gekrönt: Die Plattform stellte ihre Handelsaktivitäten nach einigen Monaten wieder ein. Auch das Fintech Joint Venture der Deutschen Börse und Naga (-Virtual), auf welchem In-Game Items gehandelt werden, war nicht erfolgreich. Die 40%ige Beteiligung der Deutschen Börse wurde im Rahmen des abebbenden Bitcoin-Hypes im März 2019 drei Jahre nach dem Start ‚zurückgegeben' (vgl. Siegert 2019).

CryptoKitties (www.cryptokitties.com), ein Blockchain Game, das im Jahre 2017 gelauncht wurde, gilt heute als ‚Poster Child' des Marktsegments Crypto Games und wird bei der Keyword Search in Google an erster Stelle im Page Rank angezeigt. CryptoKitties ist Open Source und besteht aus ungefähr 2.000 *lines of code*, geschrieben in Solidity – einer objektorientierten, anwendungsspezifischen höheren Programmiersprache zum Entwickeln von Smart Contracts für Blockchain-Plattformen wie Ethereum (Raval 2018).

> Games frequently serve as an experimental playground for new technology. Since the launch of CryptoKitties – a digital cat-breeding game built

on ethereum (...) games have provided a digitally native playground for early adopters to experiment with the unique benefits of open protocols. Currently, most of the top dapps by transaction volume are games. (Finzer 2018)

CryptoKitties ermöglicht seinen Gamern, verschiedene Arten von virtuellen Katzen zu kaufen und zu verkaufen. Für Schlagzeilen sorgte die Nachricht, dass Crypto-Kätzchen bei Ethereum im Gegenwert von 100.000 US$ den Besitzer wechselten (Siemens 2018). CryptoKitties ermöglicht es weiterhin, Katzen zu sammeln und zu züchten – gehandelt wird in der Kryptowährung Ether.

Pay 2 Play (P2P) ist das aufgrund der Blockchain-Technologie native Monetarisierungsmodell (Crossbot 2019).

Crypto Games auf Plattformen wie Bitcoin, Ethereum und EOS ähneln den frühen Handyspielen – die Grafiken sind oft primitiv. Gespielt wird überwiegend am PC. DApps (Decentralized Apps) sind die Plattformen, um Blockchain Games als Mobile Game zu spielen. Das Spielen von dezentralen Spielen ist ein Stop-and-Go-Vorgang, da die Spieler jede Transaktion mit einer Geldbörse unterzeichnen müssen. Trotzdem ist dieser Spielmechanismus einer der größten Gründe für die Akzeptanz von Crypto Games. SatoshiDICE, ein frühes Bitcoin-Würfelspiel, kann bis heute auf die höchste Anzahl von Transaktionsausgaben im Bitcoin-Netzwerk verweisen. Auf dezentralen Computerplattformen wie Ethereum und EOS sind Crypto Games für Gamer deshalb von Interesse, weil sie eine Reihe von Dingen ausführen können, die zuvor nicht möglich waren. Bei Spielen in dezentralen (Krypto-)Netzwerken können Spieler die Charaktere und Objekte, die sie im Spiel entwickeln, tatsächlich besitzen – und niemand kann sie ihnen wegnehmen. Diese Spiele haben den Vorteil einer eingebauten Währung (Currency). Für Developer bietet die Blockchain neue Anwendungen oder sie können neue existierende Games ergänzen. Allerdings befindet sich der Markt für Kryptospiele noch in einem frühen Entwicklungsstadium: Der Hype um Kryptospiele ignoriert oft die wichtigste Frage, die vor allem Game Designer fordert: Machen diese Spiele wirklich Spaß? (Kwang 2018)

Chris Dixon, Partner des Venture-Capital-Unternehmens Andreessen Horowitz, führt nach einer Analyse von 379 Crypto Games aus:

Only 10 of these games have over 100 daily active users.

Die Limitierung im Hinblick auf die Marktakzeptanz und das Wertschöpfungspotenzial erläutert Dixon folgendermaßen:

Das Entwickeln eines Spiels auf Ethereum bietet die Möglichkeit, einen integrierten Marktplatz für Gegenstände und Charaktere (In-Game Items/Crypto Assets) zu implementieren. Dadurch können Anreize geschaffen werden und so erklärt es sich, dass sich beispielsweise bei World of Warcraft Sekundärmärkte entwickelt haben, um Gegenstände und Charaktere ‚zu handeln'. (Kwang 2018)

Diese Handelsaktivitäten sind jedoch als nachrangig im Hinblick auf die User Experience zu behandeln: WOW wird gespielt, weil es wirklich Spaß macht, eine reichhaltige Handlung hat und die User in Charakterentwicklungen investiert haben. Die Möglichkeit, ihre Charaktere als In-Game Items zu verkaufen, steht nicht im Vordergrund. Während Ethereum Spielern eine neuartige Möglichkeit bietet, Crypto Assets zu besitzen, fehlt es den Spielern heute noch an der narrativen und ‚lustigen' Komponente. (Kwang 2018)

Evaluiert man die jüngeren Entwicklungen bei Crypto Games, ist festzustellen, dass es zahlreiche Ansätze gibt, die Elemente des Game Design zu nutzen, um die Trading-Elemente des Gameplay attraktiver zu gestalten (Jordan 2019). Weiterhin gibt es mittlerweile auch Service Provider, die beispielsweise Blockchain Backend Solutions anbieten, wie etwa „xaya.io".

Mittlerweile sind Blockchain Games nicht nur am PC oder als Mobile Game spielbar: Das Game Plague Hunters konnte als erstes *Ethereum blockchain-based Game* Ende des Jahre 2018 den schwierigen Sony-Approval-Prozess für die PlayStation 4 durchlaufen (Vitáris 2018).

Auch Unternehmen wie beispielsweise ATARI werten ihre Longseller auf: RollerCoaster Tycoon Touch wird durch die Möglichkeiten der Blockchain Technology die User Experience signifikant verbessern (Lavere 2018).

Die Blockchain-Technologie bietet jedoch weitergehende Möglichkeiten als die Entwicklung von Games. Die Implementierung des jahrelang als komplex geltenden In-Game Advertising – eine bedeutende Form der Monetarisierung – ist durch die Blockchain Technology relativ problemlos möglich (Frankfurt School of Finance and Management 2019).

Auch wenn aktuell die meisten Crypto-Games-Projekte mit der Ethereum Blockchain realisiert werden, gilt es immer wieder auf den Bitcoin, der als Plattform und ‚Mutter der Blockchain-Technologie' gilt, zu verweisen. Der Bitcoin ist eine sogenannte Kryptowährung (Crypto Currency) und sorgte jahrelang immer wieder für Schlagzeilen.

In der jüngeren Zeit wandelt sich jedoch die Diskussion und Kryptowährungen stehen weniger im Fokus, dieser richtet sich mehr auf die sogenannten Crypto Assets. Definitorisch erleichtert dies die akademische Diskussion aus der Sicht der Games Industry im Hinblick auf In-Game Items. In-Game Items sind virtuelle Güter in Computerspielen, sicherlich Virtual Assets und möglicherweise Crypto Assets. Ob sie jedoch eine Kryptowährung sind, gilt es zu evaluieren. Hierzu gibt es durchaus kritische Stimmen (Bundesbank 2019).

Lange bevor sich die Finanzbranche mit der Tokenization von Gütern als Digital Assets befasste, nutzte die Computerspielbranche bereits Tokens. Spielfortschritte, Scoring-Systeme und virtuelle Güter wurden quantifiziert. Tokens, Coins und Credits waren schon immer ein fester Bestandteil der Computerspielbranche – allerdings innerhalb eines geschlossenen Nutzerkreises im Game.

Pac Man suchte Lebensmittel und floh vor Geistern – alles dokumentiert und durch das Game Design honoriert. Wenn Donkey Kong seine Fässer nach Super Mario wirft, wird der Spielfortschritt kontinuierlich in einem Scoringmodell dokumentiert und in einer Rangreihe im Wettbewerbsvergleich zu anderen Spielen aufgezeigt. Für jedes Fass, das der Klempner auf dem Weg zur Befreiung der Prinzessin vernichtet oder bewältigt, erhält der Spieler Credits, die ihm auf ‚seinem Spielerkonto' als Score gutgeschrieben werden. Ein geschickter Spieler kann somit weitere Level bewältigen. Dieser Spielstand ist Gegenstand der Wertschöpfung und wurde auf dem Peak des Produktlebenszyklus von Donkey Kong durch die übliche Form der Monetarisierung von Spiel-Automaten (Arcade) in Spielhallen durch den Einwurf von Münzgeld monetarisiert. Ein geschickter Spieler konnte demnach schon vor Jahrzehnten virtuelle Wertschöpfung durch das Freispielen von Zusatzrunden (Levels) generieren. Diese ließen sich auch wertmäßig beziffern – ansonsten hätten weitere Spielrunden bezahlt werden müssen – ein wichtiger Schritt für die weitere Entwicklung von Scoringmodellen zu Crypto Asset. Tab. 2.1 verdeutlicht den historischen Sachverhalt.

Die angelsächsische Definition ‚*a Token is a representation of something*' kann als wertfreie treffende Beschreibung gelten. Ein Token ist auch das englische Wort für Wertmarke und man bezeichnet damit auch Währungen, Ersatzwährungen oder Komplementärwährungen. In Krypto wird der Begriff Token oft als Synonym für Coin verwendet. Tokens haben aber keine eigene Blockchain. An dieser Stelle ist es deshalb hilfreich, sich mit einigen Definitionen aus dem Umfeld von Kryptowährungen auseinanderzusetzen (Worldcryptoindex 2019):

> **Definition Asset**
>
> The term asset is not only used when talking about digital currencies, but in the financial and banking sectors as well. That's because an asset normally refers to a physical (or non-physical) resource with economic or financial value which is expected to provide benefits to the owner(s) in the future. Assets can be either owned or controlled to produce value and can be either tangible or intangible. Traditional examples of assets used to include things like cash, real estate and gold. Recently, however, digital currencies such as Bitcoin have been classified as assets as well.

**Tab. 2.1** Historische Entwicklung von Scoringmodellen zu Crypto Assets

| |
|---|
| Stufe 1: Scoringmodelle |
| Stufe 2: Freispielen von Zusatzrunden oder Assets |
| Stufe 3: Erwerb von Downloadable Content (DLC)/In-Game Items |
| Stufe 4: Kauf und Handel von Crypto Assets (Tokenization) |

> **Definition Coin**
>
> A coin is the official digital currency used by a cryptocurrency platform. For example, the designated coin of the Ethereum platform is Ether (ETH) and for the Ripple infrastructure it is XRP. Every single coin is built on an entirely independent blockchain.

Der Begriff Coin wurde von der Digitalwirtschaft entliehen – eine Münze *(coin)* als gesetzliches Zahlungsmittel hat seit Jahrhunderten Bestand, auch wenn einige Länder diese sukzessive ‚abschaffen' werden.

> **Definition Token**
>
> A token is a scarce digital asset that exists on top of an existing coin or blockchain.

Differenziert wird zwischen Currency Tokens und Equity Tokens.

Martin Diehl von der Deutschen Bundesbank benannte auf der oben genannten Konferenz in seinem Vortrag ‚Crypto Token: The View of a Central Banker' neben den bereits erwähnten Securities Tokens weitere Tokens (Tab. 2.2).

Philipp Sandner (vgl. Frankfurt School of Finance und Management 2019) erläutert in seinem Vortrag ‚The Future of Asset Management' die Bedeutung von Tokens und deren Bedeutung als Security Tokens. Die

> ‚Tokenization' of goods allows Token holder to trade their tokens'

und führt aus, dass

> ‚Companies can easily become banks but not the other way round'.

**Tab. 2.2** Differenzierung von Tokens nach Diehl

| |
|---|
| Payment Tokens (used for payments e. g. Bitcoin, Ether, Ripple) |
| Security Tokens (tradeable – represents ownership or claims, but no obligations) |
| Utility Tokens (enable the use of real services) |

Auf einer weiteren Konferenz zum Themengebiet ‚Tokenization of Assets, Securities, Debt, Equity: From Issuance to Trading' erläutert Philipp Sandner die Blockchain-Strategie der deutschen Bundesregierung und verweist erneut auf die Bedeutung der Token-Ökonomie (Sandner 2019).

Andrea Pinna von der European Central Bank (ECB) differenziert auf der Crypto Assets Conference zwischen der Infrastruktur (Distributed Ledger Technology/Blockchain) und den Assets. Weiterhin unterscheidet er zwischen Digital Currencies, Crypto Assets und Tokenized Assets (Frankfurt School of Finance and Management 2019).

## 2.1 Blockchain Technology und Bitcoin

Die Blockchain kurz und prägnant zu erläutern ist schwierig. Zu komplex ist die Materie, als dass die relativ neue Distributed Ledger Technology in wenigen Worten treffend zu beschreiben wäre. Gescheiterte Erklärungsversuche können leicht in der Trivialisierung enden: ‚Blockchain ist so, als wenn der Lehrer eine bestimmte Anzahl an Bonbons gerecht verteilt.' Oder in detailgetreuen Beschreibungen, die nur Experten verstehen mögen: ‚… die Kettenstruktur der Blocks wird durch Hashwerte geprägt, die durch eine 64-stellige Hexadezimalzahl dargestellt werden …'. Die Blockchain-Technologie so zu beschreiben, dass diese auch für interessierte Laien verständlich ist, ohne jedoch die ‚Essentials' zu vernachlässigen, ist demnach eine Kunst.

Deutlich einfacher gestaltet sich das Spielen von Super Mario Bros, bei dem der Nintendo-Character die Coins während des Gameplays ‚einsammelt' und gutgeschrieben bekommt.

Zunächst einmal gilt es festzustellen, dass Blockchain und Bitcoin eng mit einander verzahnt sind – das Bitcoin-Netzwerk ist das Rückgrat des Bitcoin-Systems. Kaum ein Gespräch über die Blockchain verläuft ohne die zeitnahe Erwähnung des Bitcoins. Und wenn die Gesprächspartner über etwas Halbwissen verfügen, sind sie sich in der Regel auch darüber einig, dass der Bitcoin als Kryptowährung von hoher Bedeutung ist. Auch dass die Blockchain-Technologie für viele andere Anwendungsbereiche eine hohe Relevanz aufweist, beispielsweise durch die sogenannten Smart Contracts, hat der ein oder andere interessierte Gesprächspartner ‚schon einmal gehört'. Dass die Blockchain-Technologie ‚vieles verändern wird', ist ebenfalls schnell klar – wieso und warum das der Fall ist, wird jedoch in Ermangelung von Know-how regelmäßig nicht vertiefend diskutiert. Bekannt ist in der Regel aber, dass mit Spekulationen von Kryptowährungen viel Geld verdient, aber auch verloren werden kann. Tatsächlich konnte die ‚Mutter aller Kryptowährungen', der Bitcoin, in der Periode 2012 bis 2020 Kursausschläge von ca. 300.000 % verzeichnen (Blockchaincenter 2012–2020).

Einige Menschen wurden zu Millionären – nur wenige wurden bekannt. Es ist sinnvoll zu wissen, dass ‚Krypto' sprachlich aus dem Altgriechischen stammt und verborgen, versteckt oder geheim bedeutet. ‚Das Verborgene' bei Kryptowährungen bezieht sich im Wesentlichen auf die (vermeintliche) Anonymität der handelnden Personen, nicht jedoch auf die Blockchain-Technologie. Für den Bitcoin wurde im Stil eines wissenschaftlichen Artikels völlig transparent am 31. Oktober 2008 der Source Code veröffentlicht (Berentsen und Schär 2017, S. 67). Allerdings rankt sich um den Autor oder das Autorenteam ebenfalls etwas Kryptisches: Satoshi Nakamoto wird als Autor des Bitcoin Source Code genannt – ein Pseudonym, von dem trotz gegenteiliger Medienberichte nicht bekannt ist, wer sich dahinter verbirgt.

Im Wesentlichen handelt es sich bei der Blockchain um eine **softwaregestützte dezentrale Handelsplattform für Digital Assets.**

Die Distributed Ledger Technology, die als dezentral geführte Kassenbuch-, Hauptbuch- oder Kontobuch-Technik erklärt werden kann, wird synonym auch als Transaktionsdatenbank bezeichnet. Anhand des Bitcoins lässt sich exemplarisch die Struktur und Funktionsweise der Distributed Ledger Technology, Blockchain und einer Kryptowährung aufzeigen. Anzumerken bleibt, dass es zwischenzeitlich Tausende verschiedener sogenannter Altcoins gab, die teilweise Klone in einem Alternativsystem zum Bitcoin bildeten. Außerdem gibt es zahlreiche Weiter- und Neuentwicklungen von Kryptowährungen. Wie bereits erwähnt, bildet das Bitcoin-Netzwerk das Rückgrat des Bitcoin-Systems. Es ermöglicht Verbindungen zwischen den einzelnen Netzwerkteilnehmern sowie die Kommunikation von Transaktionen und Blocks.

## 2 Blockchain, Crypto Assets und Gamer Tokens …

Dem führenden US-amerikanischen Professor der New York University K. C. Laudon und seiner Co-Autorin Carol Guerico Traver ist es gelungen, in einer nahezu selbsterklärenden Grafik die Funktionsweise einer Blockchain exemplarisch darzustellen (Laudon und Travor 2019, S. 232).

Die Blockchain wird in Abb. 2.1 für die Auftragsabwicklung eines physischen Produkts (z. B. Konsolen-Game) dargelegt. Zunächst wird der Auftrag eines Kunden erfasst (1), danach in einem Peer-to-Peer-(P2P-)Netzwerk (2) als Transaktion verarbeitet. Danach wird diese Transaktion innerhalb des Blockchain-Netzwerks bestätigt (3) und als Block der Blockchain hinzugefügt (4). Während der Auftragsabwicklung wird die Blockchain um weitere Blocks erweitert (5), bis schließlich der Auftrag abgewickelt ist (6).

Sinn und Zweck der Bitcoin Technology ist der Austausch zur Konsensfindung über den aktuellen Zustand der Besitzverhältnisse

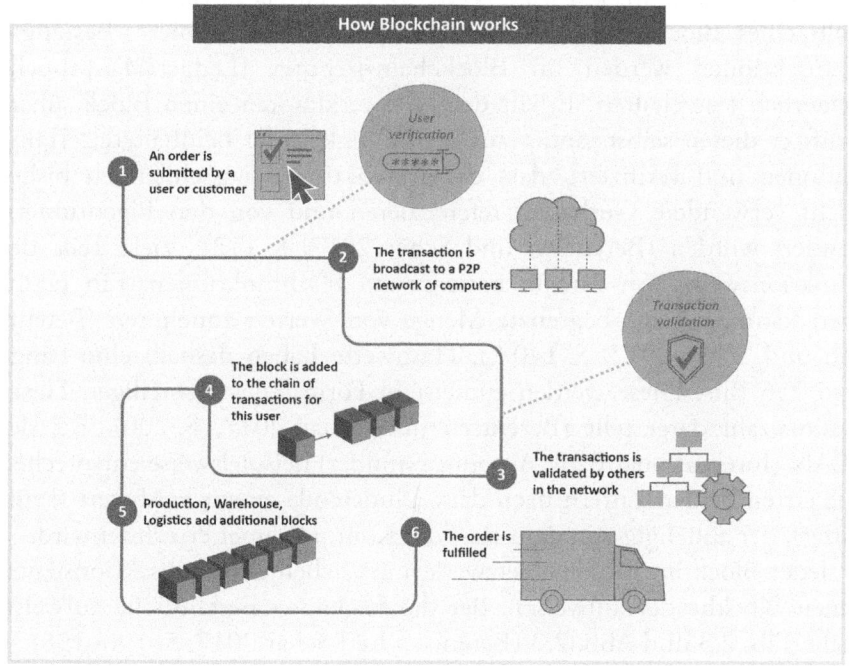

**Abb. 2.1** How Blockchain works nach Laudon und Traver (2019)

(Berentsen und Schär 2017, S. 95). Über sogenannte Netzwerkknoten tauscht das Bitcoin-Netzwerk Informationen basierend auf einer Peer-to-Peer-Technologie aus. 40 % aller Netzwerkknoten befinden sich in China oder USA. Alle Netzwerkteilnehmer sind gleichgestellt, es existieren keine zentralen Strukturen (Berentsen und Schär 2017, S. 53). Peer-to-Peer (P2P) ist nicht zu verwechseln mit dem Monetarisierungsmodell Pay-to-Play (als Abkürzung ebenfalls als P2P bezeichnet). Um Transaktionen durchzuführen – der Transfer von Bitcoin-Einheiten –, erstellen die Netzwerkteilnehmer Blocks. Die Erstellung erfordert Rechenleistung, die der Netzwerkteilnehmer zur Verfügung stellen kann. Diesen Prozess bezeichnet man als Bitcoin Mining. Die Blocks werden miteinander verknüpft, wodurch eine Blockkette (Blockchain) entsteht (vgl. Berentsen und Schär 2017, S. 58). Die Blockkette wird durch eine ausgeklügelte Kryptografie (ursprünglich die Wissenschaft der Verschlüsselung von Informationen) geschützt, die im Nachhinein niemand verändern kann.

Ein Zahlungsauftrag wird in Form einer Transaktionsnachricht innerhalb eines Blocks übermittelt und kryptografisch signiert. Bestätigte Transaktionen werden im Blockchain-Register (Ledger/Hauptbuch) öffentlich festgehalten. Erhält der Netzwerkknoten einen Block, überprüft er diesen selbstständig auf die Gültigkeit der beinhalteten Transaktionen und verifiziert, dass die Transaktionen ausschließlich bisher nicht verwendete Guthaben referenzieren und von den Eigentümern initiiert wurden (Berentsen und Schär 2017, S. 112). Viele Teile der Funktionsweise von Bitcoin basieren auf Hashfunktionen. Ein Hashwert kann nur eine begrenzte Menge von Werten annehmen (Berentsen und Schär 2017, S. 140 f.). Hashwerte haben deshalb eine Länge von 256 Bits. Diese werden zumeist in Form einer 64-stelligen Hexadezimalzahl dargestellt (Berentsen und Schär 2017, S. 200). Bei der IBAN (International Bank Account Number) beispielsweise entsprechen die ersten beiden Ziffern nach dem Ländercode einem Hashwert (Prüfziffer), der abhängig von dem Rest der Kontonummer errechnet wird.

Jeder Block im Bitcoin-Netzwerk muss neben den Transaktionsdaten einen Blockheader aufweisen, der die folgenden Bestandteile aufweist, siehe Tab. 2.3 und Abb. 2.2 (Berentsen und Schär 2017, S. 196–198).

**Tab. 2.3** Aufbau und Bestandteile eines Blocks nach Berentsen

| |
|---|
| **Version:** Der Version-Eintrag beschreibt die Protokollversion, unter welcher der Block erstellt wurde |
| **Referenz:** Der Eintrag referenziert einen Block als Vorgänger und bildet die Grundlage für die Kettenstruktur der Blockchain |
| **Zeitstempel:** Der Zeitstempel beinhaltet Angaben zum Zeitpunkt der Blockerstellung |
| Schwellenwert: Der Schwellenwert zeigt, über welchen Hashwert ein Blockheader maximal verfügen darf |
| **Nonce:** Der Nonce-Eintrag stellt sicher, dass Blocks mit äquivalentem Inhalt unterschiedliche Hashwerte aufweisen |
| **Merkle Root:** Die Merkle Root repräsentiert alle Transaktionen des Blocks in der Form eines kompakten 256-Bit-Eintrags |

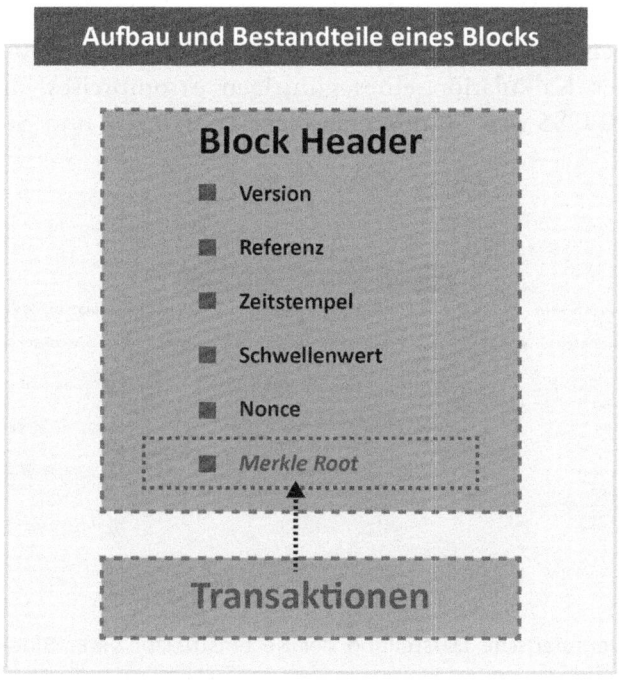

**Abb. 2.2** Aufbau und Bestandteile eines Blocks

Zur Referenzierung eines Blocks ist eine Identifikationsnummer erforderlich, die verhindert, dass zwei Blocks einer Kette dieselbe Identifikationsnummer aufweisen. Ein Block referenziert jeweils exakt einen anderen Block als Vorgänger. Diese Referenzen führen dazu, dass das Register die Form einer linearen und geordneten Abfolge einnimmt, die an eine Kette erinnert und dem Register den Namen Blockchain (Blockkette) verleiht (Berentsen und Schär 2017, S. 199).

Liegt die Identifikationsnummer eines Blockkandidaten über dem Schwellenwert, wird der Block verworfen (Abb. 2.3).

Im Schnitt kann das Bitcoin-Netzwerk nur alle zehn Minuten einen gültigen Block erstellen (Berentsen und Schär 2017, S. 211). Die relevante Maßangabe beim Mining ist die Anzahl Hashes pro Sekunde. Im Bitcoin-Netzwerk wird die Gesamtrechenleistung derzeit in Peta (Billiarden) Hashes pro Sekunde gemessen. Die gesamte Rechenleistung benötigt einen Stromverbrauch von etwa 500.000 kWh, was bei der Kalkulation eines günstigen Strompreises einem Wert von 40.000 US$ pro Stunde entspricht (Berentsen und Schär 2017, S. 213).

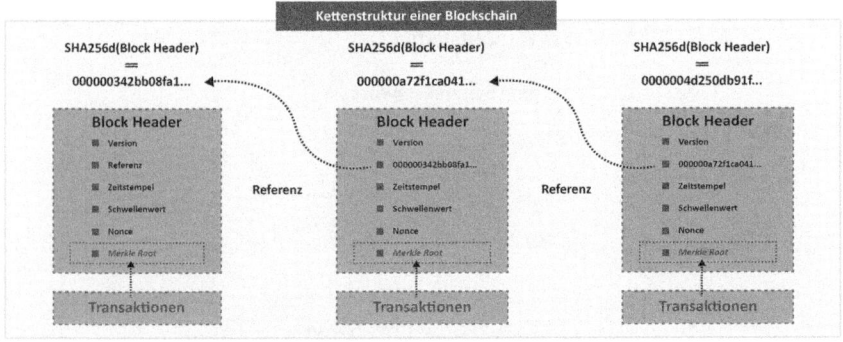

**Abb. 2.3** Exemplarische Darstellung der Kettenstruktur einer Blockchain nach Berentsen

## 2.2 Virtual Goods und Crypto Assets: Wertschöpfung mit Gamer Tokens

Wie bereits ausgeführt, hat die Games-Branche seit ihrer Entstehung Spielstände immer in Form von Coins, Tokens, Punkten und Credits, um einige zu benennen, dokumentiert oder honoriert. In einem geschlossenen Ökosystem der jeweiligen Games wurden Scoringsysteme, Extraleben und Superkräfte in Computerspielen – im Rahmen des Game Design – nahezu perfektioniert.

Mit der ‚Handelbarkeit' dieser In-Game Items (Gamer Tokens/ Crypto Assets) durch die Blockchain Technology ergeben sich zahlreiche Optionen, weshalb diese möglicherweise als Videogame Currencies zu verorten sind.

Dixon (2019) erläutert die Unterschiede zwischen ‚traditionellen' und Crypto Games und beschreibt deren Spielmodus einschließlich der Digital Assets als Non-Fungible Tokens:

> Ethereum excels at collectibles' games, where players can buy and own digital items that live on Ethereum's decentralized ‚world computer'. Unlike traditional games like World of Warcraft (…) your characters and items are controlled by the game publisher, you actually own collectibles on Ethereum. That means you can transfer and even modify them beyond the game you purchased them in. This is thanks to the fact that Ethereum has a uniform standard for digital assets – known as ‚non-fungible-tokens'.
>
> The downside to Ethereum is that each transaction costs a small network fee – currently at around 10¢. Transactions on Ethereum also take at least 15 seconds to settle and can take 30 minutes or more when the network is busy, which means that the network can't support real-time gaming today (vgl. Kwang 2018).
>
> Blockchain games are considered more transparent and secure than traditional games. In traditional games, everything is stored on the gaming company's servers. With blockchain games, your items and progress can be stored safely and transparently on a public blockchain. For the first

time ever, it also means you can own 100 % unique digital items. Before blockchain, every digital item (like a weapon or trading card) was just a copy of something else. Now you can truly own something digital in a game – which opens up tons of new gaming and collectible options (Rhodes 2018).

Blockchain games are decentralized. Instead of living in a centrally controlled server, blockchain game assets and digital goods are distributed among 'players'. Blockchain games either issue their own token or use an existing token (such as ether in case of Ethereum). With well designed token economics and gameplay, blockchain games are starting a new era in the gaming industry (Agrawal 2019).

Aus akademischer Sicht stellt sich nun die Frage, ob die Credits, Coins und Tokens, die in Videogames generiert werden, die Anforderungen als (Krypto-)Währung erfüllen können. Deshalb gilt es, die Hypothese, dass In-Game Items als virtuelle Güter zu Virtual Assets und Coins und Scores zu einer Kryptowährung (Videogame Curreny) werden, zu verifizieren. An der Frankfurt University of Applied Sciences wird diesbezüglich geforscht (Frankfurt University of Applied Sciences 2019).

Im Folgenden werden erste Analysen und Erkenntnisse dargelegt.

Zunächst bedarf es der Feststellung, dass die moderne Geldtheorie Geld als Gedächtnis beschreibt. Im Wesentlichen handelt es sich bei Geld um ein Zahlungsversprechen, welches zu einem späteren Zeitpunkt eingelöst werden wird. Geld ist das allgemein anerkannte Tausch- und Zahlungsmittel, auf das sich eine Gesellschaft verständigt hat. Unter einer Geldeinheit versteht man die kleinste verfügbare Menge an Geld, unabhängig von der jeweiligen Währung. Eine Währung (Currency) ist das gesetzliche Zahlungsmittel eines Landes oder der Länder einer Währungsunion. Schon seit den 1970er-Jahren sind die wichtigsten Währungen nicht mehr durch Goldreserven besichert, sondern unterliegen einem komplexen System, welches von Zentralbanken gesteuert wird. Diese verfügen über verschiedene Kontrollstrukturen, die sich grafisch darstellen lassen. Abb. 2.4 verdeutlicht den Sachverhalt, der Bitcoin wird hier exemplarisch für Kryptowährungen dargestellt.

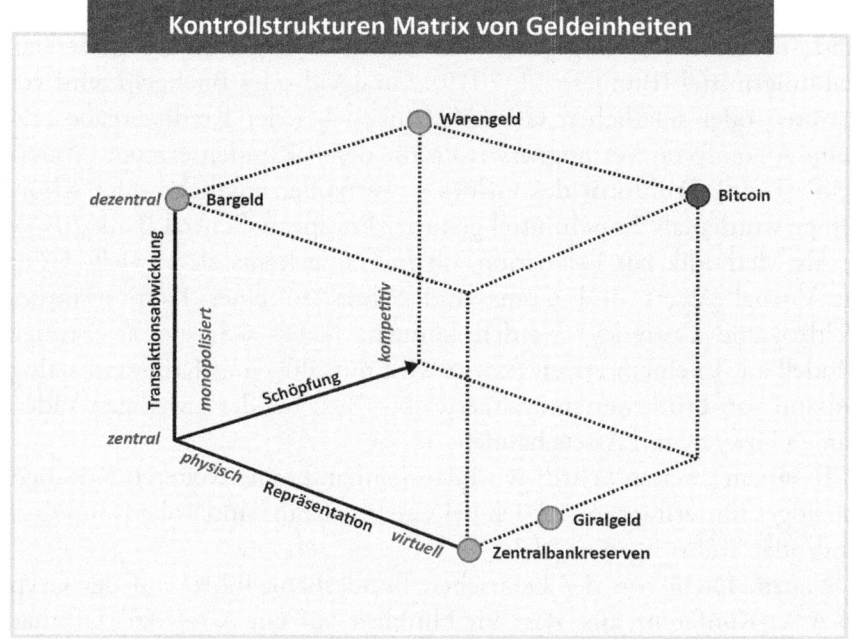

**Abb. 2.4** Kontrollstrukturen-Matrix von Geldeinheiten nach Berentsen

Der Bitcoin, der in Abb. 2.4 exemplarisch als Kryptowährung verortet ist, stellt auch für die deutsche Bundesregierung im Hinblick auf die Digitalisierungsstrategie eine hohe Bedeutung dar.

Das Bundesministerium der Finanzen führt aus, dass der Handel mit digitalen (Wert-)Einheiten (Krypto-Token) Rechtssicherheit benötigt. Zu Kryptowährungen führt das Ministerium aus:

> Kryptowährungen sind ein Spezialfall der Krypto-Token. Mit diesen Krypto-Token können abhängig von der vertraglichen Ausgestaltung verschiedenste Rechte verbunden sein, soweit dies die Rechtsordnung zulässt (Tokenisierung). Bei Kryptowährungen handelt es sich nicht um staatliche Währungen. Sie werden von keiner Zentralbank oder öffentlichen Stelle emittiert und sind in der Regel nicht an eine staatliche Währung gebunden. Gleichwohl werden sie zum Teil von natürlichen oder juristischen Personen als Tauschmittel akzeptiert. (Bundesministerium für Finanzen und Bundesministerium für Wirtschaft und Energie 2019, S. 6)

Unter Bargeld versteht man Banknoten und Münzen. Banknoten sind im Euro-Währungsgebiet das einzige unbeschränkte gesetzliche Zahlungsmittel (Bundesbank 2019). Giralgeld oder Buchgeld wird von privaten oder staatlichen Geschäftsbanken bei der Kreditvergabe oder beim Ankauf von Vermögenswerten für deren Kunden erzeugt. Warengeld ist eine Frühform des Geldes – wertvolle, nützliche oder schöne Dinge wurden als Tauschmittel genutzt (European Central Bank 2015).

Als Methodik zur Evaluation, ob In-Game Items als virtuelle Güter zu Virtual Assets und Coins und Scores zu einer Kryptowährung (Videogame Currency) werden können, bietet sich ein zweistufiges Modell an. In einem ersten Schritt wird mithilfe eines Kriterienkatalogs anhand von Prüfkriterien evaluiert, ob es sich bei der jeweiligen Videogame Currency um Assets handelt.

In einem zweiten Schritt wird dann anhand eines weiteren Kriterienkataloges hinterfragt, ob es sich bei Credits, Coins und Tokens um Geld und/oder Währungen handelt.

Martin Diehl von der Deutschen Bundesbank führte auf der Crypto-Asset-Konferenz aus, dass im Hinblick auf ein Asset der ‚Ultimate Value in Form von Trust' für die folgenden Prüfkriterien erfüllt werden muss (Tab. 2.4). Diehls Prüfkriterien können als Grundlage für einen Kriterienkatalog dienen.

Austin E. Alexander, CEO von Kraken Bitcoin Exchange, eine der größeren Exchange-Plattformen für den Bitcoin, erläutert auf der Crypto-Assets-Konferenz:

> ‚Money is a Social Debt Obligation. Many things have been used as money. Precious Metals, Gold Silber (…)'

**Tab. 2.4** Grundlage Kriterienkatalog 1 – Prüfkriterien Assets

| |
|---|
| Stability (Stabilität) |
| Integrity (Seriosität) |
| Reliability (Zuverlässigkeit) |
| Transparency (Transparenz) |
| Legality (Rechtmäßigkeit) |
| Independence (Unabhängigkeit) |

Alexander kommt zu der Conclusio, dass ‚Bitcoin the greatest money is the world has known'.

In der Tat galten in Notzeiten auch Zigaretten als Geld, deshalb wird an dieser Stelle bewusst auf enge, tradierte Geldbegriffe als Definition verzichtet, sondern auf Alexanders Ausführungen fokussiert. Er benennt folgende Kriterien im Hinblick auf Geld (Tab. 2.5).

Kombiniert man Diehls und Alexanders Kriterienkataloge, kann die Kombination als Grundlage für eine weiterführende modulare Forschung im Hinblick auf die Bedeutung von Gamer Tokens als Kryptowährungen (Videogame Currencies) und Crypto Assets herangezogen werden.

Ein Branchenexperte, der sowohl die Kapitalmärkte als auch den Games-Markt kennt und namentlich nicht genannt werden möchte (anonymer Experte), verweist darauf, dass ein weiteres Prüfkriterium vonnöten ist, um die Vollständigkeit der Liste zu gewährleisten: Glaubwürdigkeit.

Glaubwürdigkeit ist dabei der Glaube der Nutzer/Marktteilnehmer daran, dass die geforderten Eigenschaften des Vermögensgegenstandes zutreffend sind. Gleichzeitig bedeutet Glaubwürdigkeit aber auch den Glauben daran, dass die zugeordneten Eigenschaften auch in Zukunft noch zutreffend sein werden (intertemporale Betrachtung).

Infolgedessen wird der Prüfkriterienkatalog um die Glaubwürdigkeit einer Währung erweitert.

Tab. 2.6 zeigt exemplarisch, wie die Prüfergebnisse erfolgreicher Computerspiele im Hinblick auf ihre In-Game Items in tabellarischer Form dargestellt werden können.

**Tab. 2.5** Grundlage Kriterienkatalog 2 – Prüfkriterien Geld

| |
| --- |
| Divisibility (Teilbarkeit) |
| Durability (Haltbarkeit) |
| Portability (Übertragbarkeit) |
| Acceptability (Akzeptanz) |
| Uniformity (Einheitlichkeit) |
| Scarcity (Knappheit) |

**Tab. 2.6** Prüfkriterien Gamer Tokens/Crypto Assets/Cryptowährungen/Videogame Currencies

|  | Star Wars Battlefront 2 | Fortnite |
|---|---|---|
| **Martin Diehl Deutsche Bundesbank** | | |
| Stability (Stabilität) | | X |
| Integrity (Seriosität) | X | X |
| Reliability (Zuverlässigkeit) | | X |
| Transparency (Transparenz) | | X |
| Legality (Rechtmäßigkeit) | X | X |
| Independence (Unabhängigkeit) | | X |
| **Austin Alexander Kraken Bitcoin Exchange** | | |
| Divisibility (Teilbarkeit) | | |
| Durability (Haltbarkeit) | X | |
| Portability (Übertragbarkeit) | | |
| Acceptability (Akzeptanz) | X | X |
| Uniformity (Einheitlichkeit) | X | X |
| Scarcity (Knappheit) | | |
| **Anonymer Experte** | | |
| Credibility (Glaubwürdigkeit) | | X |

Oben genannte Darstellung dient weniger der Evaluation der beiden genannten Computerspiele, sondern der Darstellung eines möglichen Prüfkriterienkatalogs.

Er verdeutlicht die Komplexität der Anforderungen, die In-Game Items erfüllen müssen, um als Crypto Asset oder Cryptowährung nachhaltig Bestand zu haben, und die hohen Anforderungen, die an die Unternehmen (Developer und Publisher) gestellt werden, um diese zu gestalten.

Weitere Ausführungen würden die Veröffentlichung im Rahmen dieser Quick-Guide-Veröffentlichung sprengen. Weiterführende Forschungsergebnisse werden jedoch in naher Zukunft vorliegen – Hinweise finden sich zum gegebenen Zeitpunkt auf www.anderie-management.com.

Abschließend zu der komplexen Thematik ‚Virtual Goods und Crypto Assets: Wertschöpfung mit Gamer Tokens' sei jedoch die folgende Grafik, die anlässlich der Gamescom-Messe in Köln vorgestellt wurde, erwähnt: Sie veranschaulicht, wie Videogame Currencies in einer Kontrollstrukturen-Matrix von Geldeinheiten verortet werden können, Abb. 2.5 (vgl. Anderie L. 2019).

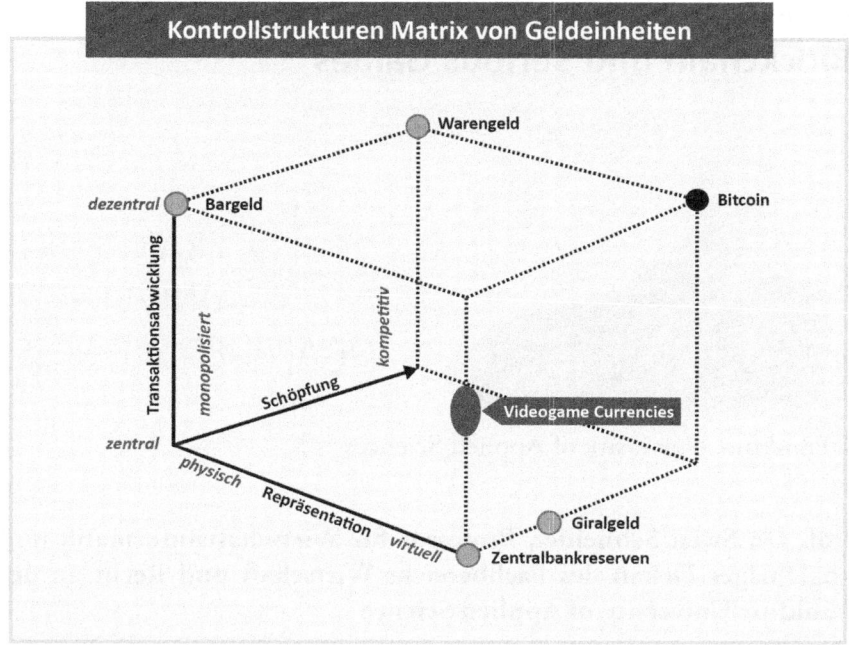

**Abb. 2.5** Verortung von Videogame Currencies in Kontrollstrukturen-Matrix von Geldeinheiten

Zu guter Letzt dürfen natürlich auch die Überlegungen von Facebook, eine eigene Währung mit dem Namen Libra einzuführen, nicht unerwähnt bleiben: Diese könnte auch für die Games Industry von hoher Bedeutung sein: Noch vor wenigen Jahren waren Games auf Facebook (Farmville) von hoher Marktbedeutung – ein mögliches Revival ist denkbar. Libra könnte die Diskussion um und die Bedeutung von Videogames Currencies beschleunigen. Michaela Hönig, die führende Expertin für Kryptowährungen im deutschsprachigen Raum, erläutert in Ihrem Grundlagenwerk ‚ICO und Kryptowährungen' (Hönig 2020) umfassend die Funktionsweise von Coins und Token.

‚We need digital tokens, digital money since we live in a digital world' war dann auch das Credo von Prof. Sander am Ende der Digital Assets Conference (Frankfurt School of Finance and Management 2019). Und wenn die Games-Industrie hierzu etwas beitragen kann, wäre es nicht das erste Mal, dass sie als ‚Digital Frontrunner' auch bei der Blockchain für andere Branchen fungiert.

# Interview: Prof. Dr. Swen Schneider – 'Blockchain und Serious Games'

© Frankfurt University of Applied Sciences

Prof. Dr. Swen Schneider, Professor für Wirtschaftsinformatik und langjähriger Dekan des Fachbereichs Wirtschaft und Recht an der Frankfurt University of Applied Science

**Frage: Vor Ihrer Zeit als Professor für Wirtschaftsinformatik und Dekan waren Sie viele Jahre für IBM und in der IT zahlreicher großer Banken im Transaction Banking tätig. Wie haben Sie den Bitcoin-Hype erlebt?**

Ideen und Konzepte für eine dezentrale Verarbeitung von Daten gibt es schon sehr lange. Durch Bitcoins ist das Thema Blockchain über die Expertenrunden hinaus einem größeren Gesellschaftskreis erschlossen worden. Trotz der Verbreitung des Bitcoins ist seine Zukunft noch ungewiss, jedoch hat durch ihn die Blockchain, sowohl in der Theorie als auch in der praktischen Anwendung, einen enormen Schub erhalten. Durch einen solchen Ansatz verlieren zentrale Instanzen wie Zentralbanken und Spieleproduzenten durch Dezentralisierung an ökonomischer Macht.

**Frage: Sie haben unter anderem mit dem renommierten Prof. Dr. Ken Laudon der New York University gearbeitet bzw. publiziert.**

**Welchen Einfluss hat die Blockchain Technology auf die Wirtschaftsinformatik in Theorie und unternehmerischer Praxis?**
Es wird die Art und Weise verändern, wie digitale Güter ausgetauscht werden. Viele Initiativen elektronischer Bezahlverfahren starteten vor über 20 Jahren, wie Cybercoins, eCash, PayCard – diese kamen und gingen. Oftmals nicht aus technischen Gründen, sondern weil die Bekanntheit fehlte oder es keine kritische Masse an Benutzern und Einsatzmöglichkeiten gab. Andererseits haben viele deutsche Bankkunden schon lange eine Geldkarte, benutzen diese aber nicht. Der Bitcoin ist durch Medienberichte sehr bekannt geworden, allerdings ist er – konzeptionell bedingt – in seiner Massentauglichkeit beschränkt. Es ist zwar technisch gewollt, dass Coin Mining immer aufwendiger und damit gegen eine imaginäre Produktionsgrenze läuft, doch haben auch die Mining-Plattformen aktuell schon Probleme, massenhaft Bitcoins zu verarbeiten, da eine immer länger werdende Blockchain ständig erweitert werden muss, was bei zeitkritischen Bezahlsystemen wegen der Skalierung problematisch ist. Selbst bei einem bisher sehr beschränkten Benutzerkreis wurden schon Gelder an die Plattformbetreiber gezahlt, um priorisiert, also zeitnah Bitcoins zu kaufen oder verkaufen. Die Performance der aktuellen Plattformen ist somit nicht „massentauglich" und nicht für den Massenzahlungsverkehr geeignet, was auch nicht durch einfache Hardwarenachrüstungen zu beheben ist. Trotzdem ist die Blockchain für einzelne Segmente von Bezahlverfahren, aber auch insbesondere bei anderen Einsatzbereichen, wie z. B. Smart Contracts oder Blockchain Games, sehr interessant.

Durch die Distributed Ledger Technology können Digital Assets aus eGames, welche sonst immer unter Kontrolle des Entwicklers oder der Plattform waren, sich nun dezentral im Besitz der Spieler befinden. Es könnten dann Assets von einer Spielewelt zu einer anderen Plattform systemübergreifend transferiert werden, was aktuell noch auf das jeweilige Spiel begrenzt ist. Es bildet sich eine eigene Spiele-Währung, indem z. B. Äxte aus World of Warcraft mit Maschinenpistolen aus Call of Duty getauscht werden können.

**Frage: An der Frankfurt University of Applied Sciences wird über Monetarisierungsmodelle in der Games Industry geforscht. Damit haben Sie in Deutschland ein Alleinstellungsmerkmal ...**
Monetarisierung mit In-Game Items ist ein aktuelles Forschungsgebiet in unserem Fachbereich und erfordert ein spezielles Know-how, welches wir weiter aufbauen. Wie bereits erwähnt, ermöglichen Crypto bzw. Blockchain Games eine Unabhängigkeit und eine anonyme Nutzung von erworbenen Digital Assets. Dadurch steigt die Bereitschaft, solche Assets zu erwerben, weil diese dann plattformunabhängig (technisch) sowie losgelöst von den Spielebetreibern/Entwicklern (ökonomisch) verwendet werden können. So erfolgt z. B. auch bei Ethereum Games wie *CryptoKitties* ein tatsächlicher Nachweis des Besitzes eines In-Game Items mittels einer Blockchain. Auch ist das Asset von Pleiten, technischen Problemen und Computerabstürzen oder neuen Versionen, in denen das Asset ggf. verloren gehen könnte, geschützt. Somit beflügelt die Blockchain weitere Monetarisierungsansätze, wie z. B. erweiterte Free-2-play, In-Game Microtransactions, Digital Downloads, Lootbox, Streaming. Wenn Krypto und Blockchain massenweise in Spielen verwendet werden, sind weitere bisher unbekannte Monetarisierungsmodelle zu erwarten, wie die Veräußerung von gebrauchten, dann accountunabhängigen Spielen über die Blockchain, oder mit Spielen Geld verdienen, sowie das Teilen von Assets und Wissen (Shared Economy). Auch werden Entwickler und Spieler näher zusammenrücken oder Spieler werden zu Entwicklern.

**Frage: Sie haben sich auch mit Serious Games beschäftigt. Wie schätzen Sie hier die Wertschöpfung im Hinblick auf die Blockchain ein?**
Bei Serious Games geht es darum, spielerische Elemente in Softwaresysteme zu integrieren, sodass durch die Befassung mit der Anwendungssoftware andere Elemente spielerisch erlernt werden, ohne dass dem Benutzer dies als Lernen erscheint. Es wird nebenbei automatisch geübt. Auch gibt es Serious Games, welche das Spiel und die Motivation in den Vordergrund stellen, trotzdem aber Lernziele verfolgen. So gab es z. B. an der Frankfurt University of Applied Sciences zusammen mit Nintendo Studien über die Bereitschaft von Jugendlichen, sich auf

englischsprachige Computerspiele einzulassen, wenn keine deutsche Version verfügbar wäre. Die Bereitschaft der befragten Schüler war hoch, sich mit englischen Begriffen zu befassen, womit sie sie sich in die Sprache vertieften – ohne den Kontext Schule. Dies war auch in Englischkursen bei leistungsschwächeren Schülern festzustellen, welche sich nicht mit Lehrbüchern, wohl aber mit dem Spiel identifizierten. Ein weiteres Beispiel ist bei Europol im Einsatz. Mit ‚cryptocurrency-tracing serious game' wurde ein Serious Game entwickelt, durch das Polizisten üben, wie man Crypto Crime entdeckt, damit umgeht und Beweise sichert. Es ging also vordergründig um das Spiel, didaktisch um bestimmte Lernziele. Auch gibt es Ansätze, Spielern durch motivierende Serious Games die Konzepte der Blockchain „näherzubringen".

**Vielen Dank für das Gespräch.**

> **Ihr Transfer in die Praxis**
>
> Fragen, die man sich stellen sollte, bzw. Schritte, die man zwecks Umsetzung unternehmen sollte
>
> - Welche Bedeutung hat die Blockchain für mich als Developer oder Publisher?
> - Überprüfung des wirtschaftlichen Potenzials von Blockchain Games auch als Serious Games
> - Erstellung einer Potenzialanalyse im Hinblick auf den Wert meiner Virtual Goods in Games
> - Welchen Stellenwert messe ich Kryptowährungen als Videogame Currencies bei?
> - Wie ist meine Sichtweise im Hinblick auf Tokenization des Contents in Computerspielen?

# Literatur

Agrawal, G. (2019). Medium. https://medium.com/crowdbotics/examples-of-blockchain-games-and-how-they-work-7fb0a1e76e2e. Zugegriffen: 23. Sept. 2019.

Anderie, L. (2019). Vom Game Hack bis zur KI-Monetarisierung. *Gamesmarkt, 9*(B54291), 60 f.

Berentsen, A., & Schär, F. (2017). *Bitcoin, Blockchain und Kryptoassets: Eine umfassende Einführung* (1. Aufl.). Norderstedt: Books on Demand.
Blockchaincenter. (2020). Bitcoin. https://www.blockchaincenter.net/. Zugegriffen: 15. Febr. 2020.
Bundesbank. (2019). Bundesbank – Funktionen des Geldes. https://www.bundesbank.de/de/service/schule-und-bildung/schuelerbuch-geld-und-geldpolitik-digital/funktionen-des-geldes-614130. Zugegriffen: 23. Sept. 2019.
Bundesministerium für Finanzen; Bundesministerium für Wirtschaft und Energie. (2019). Blockchain-Strategie der Bundesregierung – Wir stellen die Weichen für die Token-Ökonomie. https://www.bmwi.de/Redaktion/DE/Publikationen/Digitale-Welt/blockchain-strategie.pdf?__blob=publicationFile&v=14. Zugegriffen: 15. Okt. 2019.
Crossbot. (2019). Crossbot. https://www.crossbot.de/games/#was-sind-cryptogames. Zugegriffen: 23. Sept. 2019.
Dixon, C. (2019). The best decentralized platform for gaming. decentralized-platform-for-gaming/. Zugegriffen: 15. Febr. 2020.
European Central Bank. (2015). ECB – What is money? https://www.ecb.europa.eu/explainers/tell-me-more/html/what_is_money.de.html. Zugegriffen: 23. Sept. 2019.
Finzer, D. (2018). Coindesk. https://www.coindesk.com/the-emerging-trends-in-the-blockchain-gaming-world. Zugegriffen: 23. Sept. 2019.
Frankfurt School of Finance and Management. (2019). Frankfurt-school. https://www.frankfurt-school.de/home/newsroom/news/2019/Februar/crypto-asset-conference-2019. Zugegriffen: 23. Sept. 2019.
Frankfurt University of Applied Sciences. (2019). Frankfurt-University.de. https://www.frankfurt-university.de/fileadmin/standard/Hochschule/Fachbereich_3/Der_Fachbereich/Fb3_Forschungsbroschuere_2018-2019_Web.pdf. Zugegriffen: 23. Sept. 2019.
Goepfert, D. (2019). Crypto asset conference 2019 – Wrap-up. https://medium.com/kapilendo/crypto-asset-conference-2019-wrap-up-by-didier-goepfert-60393d49041. Zugegriffen: 23. Sept. 2019.
Handelsblatt. (2016). Handelsblatt. https://www.handelsblatt.com/finanzen/maerkte/boerse-inside/ingame-items-markt-daddeln-fuer-die-boerse/14921194.html?ticket=ST-16036794-clBRhTQbU095WSoD-dYvj-ap6. Zugegriffen: 23. Sept. 2019.
Hönig, M. (2020). *ICO und Kryptowährungen: Neue digitale Formen der Kapitalbeschaffung*. Wiesbaden.
HowToToken Team. (2018). Howtotoken. https://www.howtotoken.com/explained/5-games-that-will-get-you-into-cryptocurrency/. Zugegriffen: 23. Sept. 2019.

Jordan, J. (2019). Blockchaingamer.biz. https://www.blockchaingamer.biz/features/3283/most-anticipated-blockchain-games/. Zugegriffen: 23. Sept. 2019.

Kwang, P. (2018). Keysheet. https://www.keysheet.io/guides/best-decentralized-platform-for-gaming. Zugegriffen: 23. Sept. 2019.

Laudon, K., & Travor, C. (2019). *E-Commerce: Business, technology and society, global edition*. Harlow.

Lavere, M. (2018). Ethereumworldnews. https://ethereumworldnews.com/atari-blockchain-cryptocurrency-gaming. Zugegriffen: 23. Sept. 2019.

Özbek, M. (2019). Decentralbox. https://decentralbox.com/ico-tokensale-unterschied/. Zugegriffen: 23. Sept. 2019.

Raval, S. (2018). YouTube. https://www.youtube.com/watch?v=u9TX_QUfHco. Zugegriffen: 23. Sept. 2019.

Rhodes, D. (2018). Blockexplorer. https://blockexplorer.com/news/best-blockchain-games/. Zugegriffen: 23. Sept. 2019.

Sandner, P. (23. 09. 2019). Konferenz des Frankfurt School Blockchain Center. *Tokenization of assets, securities, debt, equity: From issuance to trading*. Frankfurt a. M.

Siegert, J. (2019). Payment & banking. https://paymentandbanking.com/postmortem-wenn-corporate-fintech-initiativen-leider-vorhersehbar-scheitern/. Zugegriffen: 23. Sept. 2019.

Siemens, S. (2018). GQ-Magazin. https://www.gq-magazin.de/auto-technik/article/6-gruende-warum-die-blockchain-die-gaming-welt-nachhaltig-veraendern-wird. Zugegriffen: 23. Sept. 2019.

Vitáris, B. (2018). Cryptonews. https://cryptonews.com/news/sony-just-approved-ethereum-based-ps4-game-2955.htm. Zugegriffen: 23. Sept. 2019.

Worldcryptoindex. (2019). Worldcryptoindex.com. https://www.worldcryptoindex.com/differences-between-digital-assets-tokens-coins/. Zugegriffen: 23. Sept. 2019.

# 3

# Monetarisierung von Computerspielen: Vom Algorithmus zur KI

> **Was Sie aus diesem Kapitel mitnehmen**
> - Ein Grundverständnis, wie Algorithmen und KI in Computerspielen funktionieren
> - Einblicke, wie sich Monetarisierungsmodelle in der Games Industry wandeln
> - Exemplarische Darstellung der jüngeren Entwicklungen in der Monetarisierung
> - Hinweise zur Analyse von Topsellern und deren Wertschöpfung
> - Einschätzung bezüglich der Ressourcen-Allokation von Indie Development Studios

Monetarisierungs- und Erlösmodelle in der Games-Branche sind komplex und unterliegen – ähnlich der technologischen Entwicklung – einem schnelllebigen, beständigen Wandel. Insbesondere die Vermarktung von virtuellen Gütern, den In-Game Items, die synonym auch als Crypto Assets oder Virtual Goods bezeichnet werden, bilden hierbei eine erhebliche Herausforderung. Wer sich zunächst mit den Grundlagen der Monetarisierung befassen möchte, findet in Games Industry Management, einem Standardwerk der Managementlehre für

Computer- und Videospiele, eine umfassende Darstellung des Themengebiets (Anderie L. 2016, S. 150 ff.).

Insbesondere die Marktabschöpfungsstrategie, Preisabsatzfunktion einschließlich der Preiselastizität der Nachfrage und den Monetization Funnel gilt es zu verstehen, um mit Künstlicher Intelligenz (KI) auf einem höheren Level Wertschöpfung zu generieren.

Es gibt unterschiedliche Definitionen und Gliederungshorizonte bezüglich Künstlicher Intelligenz (KI), die im angelsächsischen Sprachraum als Artificial Intelligence (AI) bezeichnet wird. Gängige Praxis ist es, die Attribute ‚schwach' und ‚stark' mit Künstlicher Intelligenz zu verknüpfen – eine unglückliche Wortschöpfung, welche der Komplexität des Forschungsgebiets nicht gerecht wird und diese ‚übersimplifiziert'.

Aus der Helikopter-Perspektive lassen sich Systeme Künstlicher Intelligenz folgendermaßen differenzieren:

> **Übersicht**
> - **Schwache Künstliche Intelligenz (KI)/Weak or Narrow Artificial Intelligence (AI)**
> 
> *Ein System Künstlicher Intelligenz, das konkrete Anwendungsprobleme durch mathematische Methoden oder die Informatik löst. Selbstoptimierung und einzelne Aspekte menschlicher Intelligenz können nachgebildet werden. Schwache KI ist Teil unseres Alltags. Als Beispiel kann hierzu Amazons Alexa benannt werden. In Kombination von Spracherkennung mit KI gelingt es der Device, Dialoge zu führen, die teilweise Intelligent (aber auch teilweise erschreckend unintelligent) sind.*
>
> - **Starke Künstliche Intelligenz (KI)/Artificial General Intelligence (AGI)**
>
> *Ein System Künstlicher Intelligenz, welches die gleichen oder höheren intellektuellen Fähigkeiten aufweist wie der Mensch und ein Bewusstsein entwickelt. Starke KI findet man regelmäßig in Science-Fiction-Verfilmungen visualisiert. Ob R2D2 aus ‚Star Wars', der Bordcomputer des Raumschiffs Enterprise in ‚Star Trek' oder J.A.R.V.I.S. (Just A Rather Very Intelligent System) aus ‚Iron Man' – es handelt sich stets um hochentwickelte KI-Systeme, die als ebenbürtige Partner mit einem Menschen interagieren.*

Die Unterteilung in schwache und starke Künstliche Intelligenz zeigt die ‚sprachliche Hilflosigkeit', wenn es darum geht, eines der interessantesten Themen unserer Zeit zu definieren. Wie kann es sein, dass ein Themengebiet, das für die weitere Entwicklung der Menscheit entscheidend, möglicherweise sogar überlebenswichtig ist, lediglich mit den Attributen ‚stark' und ‚schwach' beschrieben wird? Ein Erklärungsansatz ist sicherlich, dass AI zwar nicht neu ist, populärwissenschaftlich jedoch erst seit jüngerer Zeit Erklärungsbedarf besteht. Die Professorin der New York University Meredith Broussard (2018) nimmt in ihrem im Verlag der MIT Press erschienenen Buch ‚Artificial Unintelligence – How Computers Misunderstand the World' folgende Unterteilung vor:

> General AI is the Hollywood kind of AI. General AI is anything to do with sentient robots (who may or may not want to take over the world), consciousness inside computers, eternal life or machines that ‚think' like humans. Narrow AI is (…) a mathematical method for predictions. There is a lot of confusion between the two (General and Narrow AI), even among people who make technological systems. (…) general AI is what some people want, and narrow AI is what we have. (Broussard 2018, S. 32)

Abb. 3.1 veranschaulicht die Unterschiede zwischen schwacher KI anhand der Device Alexa von Amazon (Realität) und starker KI anhand des Astromech-Droiden R2D2 aus Star Wars (Science Fiction).

Sich mit Alexa auszutauschen kann durchaus hilfreich sein und Spaß machen. Versucht man jedoch, als ebenbürtiger Partner mit ihr zu kommunizieren, wird ihre Limitierung schnell klar: „Das weiss ich leider nicht" ist eine der regelmäßig von ihr gegebenen Antworten. Wird R2D2 in Star Wars eine Frage gestellt, kann er zwar nicht in einer humanoiden Sprache antworten – er kennt jedoch Antworten auch auf komplexe Sachverhalte. Stellt man starke KI-Systeme bösartig dar, wie etwa Skynet in ‚Terminator' oder die alles dominierende Matrix in ‚Matrix', dann mag dieses aus narrativer und dramaturgischer Sicht für einen Hollywoodfilm durchaus interessant sein – es stellt sich jedoch die Frage, warum sich eine KI gegen die Menschheit wenden sollte. Hilfreiche KI-Systeme, welche die Droiden in Star Wars steuern (R2D2,

**Abb. 3.1** Schwache KI (Alexa von Amazon) und starke KI (R2D2 aus Star Wars) nach Berentsen

BB-8 und C3-PO) und dabei Menschen unterstützen, bilden hierbei ein durchaus realistischeres (und sympathischeres) Szenario.

Es finden sich in der Fachliteratur jedoch auch differenziertere Betrachtungen von KI:

> ‚There are four types of artificial intelligence: reactive machines (chess computer), limited memory (self-driving cars), theory of mind (humanoid robot) and self-awareness (C3-PO protocol droid designed to interact with organics).' (Reynoso 2019)

KI ist schon heute ein integrativer Bestandteil unserer Gesellschaft:

> AI is already active in many aspects of society. It's at the heart of every internet search and very app. It's in every GPS query, every video game and Hollywood animation, every bank and insurance company and hospital – and, of course, every smart watch and driverless car. (Al-Khalili 2018, S. 122)

Im Wesentlichen sind es die Hard- und Softwareentwicklungen im Hinblick auf die Leistungsfähigkeit von Computern sowie die

Möglichkeiten der Datenspeicherung, die aktuell einen erneuten Entwicklungsschub für Künstliche Intelligenz ermöglichen (vgl. Al-Khalili 2018, S. 123 f.).

> One recent advance that has made all this possible is machine learning using big data – huge caches of information that can be analyzed for patterns and trends in human behaviour. This AI technology (…) is known as deep learning and (…) can find patterns on various levels of detail in huge collection of data. (…) Such AI systems aren't programmed in the traditional sense of ‚do this, then do that'. Instead, they consist of multilayer neural networks, the output of one layer being fed in as input for the next. (Al-Khalili 2018, S. 123 f.)

Die Autoren Stuart Russell und Peter Norvig beschreiben in ihrem Bestseller-Lehrbuch ‚Artificial Intelligence – A modern approach' sogenannte *intelligent agents* als zentralen Bestandteil von Künstlicher Intelligenz. Als *agent* gilt alles, was als Wahrnehmung seiner Umgebung durch Sensoren und durch die Einwirkung von Aktoren auf seine Umgebung angesehen werden kann (Russell und Norvig 2018, S. 34 ff.). Ein menschlicher Agent hat Augen und Ohren als Sensoren und Hände und Beine als Aktoren. Ein Roboteragent hat Kameras und Infrarotsucher als Sensoren und verschiedene Motoren als Aktoren. Ein Software-Agent empfängt Tastatureingaben, Dateiinhalte oder Netzwerkpakete als sensorische Eingaben und wirkt auf die Umgebung ein, indem er auf dem Bildschirm anzeigt, Dateien schreibt und Netzwerkpakete sendet. Russell und Norvig erläutern, was einen *agent* gut oder schlecht, intelligent oder dumm ‚macht'. Sie verweisen auf die Spieltheorie *(game theory)* (Russel und Norvig 2018, S. 165 ff.) und den sogenannten *decision tree* (Russel und Norvig 2018, S. 698 ff.), das gängigste Verfahren, um einen Algorithmus und/oder *machine learning* grafisch darzustellen.

In ‚How Google Works' beschreiben die Autoren Eric Schmidt und Jonathan Rosenberg die Ursprünge des *machine learning* (Schmidt und Rosenberg 2017, S. XXIX):

> The concept of machine learning has been around since 1955 when computer scientist John McCarthy, who was teaching at Dartmouth College,

proposed a summer research project to look at how computers could possibly develop what he termed 'artificial intelligence'. The problem turned out to be a bit more challenging than originally envisioned, but it got a real boost in the 1980s when computer scientists started developing 'deep neural networks'. These are layers of computer algorithms that work together to recognize patterns in data and learn from them (…)

In 2013 rekrutierte Google einen der Pioniere des *machine learning* und kreierte das ‚Google Brain Team', welches seitdem signifikante Erfolge verzeichnen konnte. Googles Know-how ist für die Games Industry von hoher Bedeutung, insbesondere durch das Cloud-Gaming-Konzept Google Stadia.

In Computerspielen ist Künstliche Intelligenz nicht neu. Bei der Entwicklung einer Game-KI geht es vor allem darum, dass Charaktere und Umgebungen möglichst realistisch erscheinen. Ein Mittel dabei ist die Vorgabe eines vernunftgeleiteten Verhaltens (Miranda 2019a, S. 42).

Bekannt ist, dass ein ‚Schach-Computer' den seinerzeit amtierenden Schachweltmeister Kasparow (1996) schlagen konnte. Knapp 20 Jahre später wurde dann der amtierende Champion in Go, einem ungleich komplexeren chinesischen Brettspiel, von einem Computer mit dem Namen AlphaGo geschlagen (Buxmann und Schmidt 2018, S. 119).

Deep Mind, eine Tochtergesellschaft von Google (Alphabet), konnte diesen Fortschritt durch Deep Learning – KI-Algorithmen ‚die selbstlernend arbeiten' – realisieren. Algorithmen sind das Rückgrat der Digitalisierung. Diese müssen jedoch zunächst einmal strukturiert werden, bevor der ‚Selbstlern-Effekt' eintreten kann (Mehta 2018). Eine Methodik für die Strukturierung von Algorithmen wird als Software-Architektur bezeichnet (Russell und Norvig 2012, S. 1154).

> **Algorithmus**
> Ein Algorithmus ist eine eindeutige Handlungsvorschrift zur Lösung eines Problems. Regelmäßig wird in der einschlägigen Literatur der Vergleich zu einem Kochrezept gezogen (MacCormick 2012, S. 25 ff.).
> Ein Algorithmus, der nicht zu verwechseln ist mit einem Computer-Algorithmus, ist keine neue Entwicklung der Informatik *(Computer Sciences),* sondern wurde schon im Jahre 825 in mathematischen

> Lehrbüchern erläutert. Der euklidische Algorithmus wurde sogar schon vor 2.300 Jahren (in etwas anderer Form) formuliert (Sedgewick und Wayne 2013, S. 21).
>
> Ein Computer-Algorithmus ist nichts anderes als ein Computer-Programm, das Schritt für Schritt die Instruktionen des Algorithmus ausführt, um einen gewünschten Output zu liefern. Eine ‚to do list' für den Computer, bestehend aus ‚*tens of thousands lines of (computer) code*' (Laudon und Traver 2019).

Abb. 3.2 veranschaulicht den euklidischen Algorithmus als Aufgabenstellung mit gewünschtem Output und dessen Darstellung als Computer-Algorithmus in der höheren Programmiersprache Java.

**Euklidischer Algorithmus**

**Gewünschter Output**

Berechne den größten gemeinsamen Teiler von zwei nicht-negativen ganzen Zahlen $p$ und $q$ wie folgt:

Wenn $q$ gleich 0 ist, lautet die Antwort $p$. Wenn nicht, teile $p$ durch $q$ und nimm den Rest $r$. Die Antwort ist der größte gemeinsame Teiler von $q$ und $r$.

**Beschreibung in Java**

```java
public static int gcd( int p, int q)
{
        if (q == 0) return p;
        int r = p % q;
        return gcd(q, r);
}
```

**Abb. 3.2** Euklidischer Algorithmus nach Sedgewick und Wayne

John MacCormick erläutert in seinem Fachbuch ‚9 Algorithms That Changed the Future' den Google-Algorithmus und vergleicht das ‚Search Engine Indexing' mit dem Finden einer Nadel im Heuhaufen (MacCormick 2012, S. 10). Er zeigt die Grundstruktur des Google-Algorithmus (Hyperlink, Authority und Random Surfer Trick) auf. Dieser führt zu dem Pagerank, die Reihenfolge der Anzeige der Suchergebnisse bei einer Google-Suche. Es bleibt anzumerken, dass Google jedes Jahr bis zu 600 Änderungen an der Struktur seines Algorithmus vornimmt, wobei einige namentlich gekennzeichnet und kommuniziert werden (z. B. Panda, Penguin, Hummingbird), die meisten jedoch einfach im Rahmen von Betriebsgeheimnissen stillschweigend vorgenommen werden. (Laudon und Laudon 2009, S. 147)

Für die Games-Branche ist KI fester Bestandteil bei der Entwicklung ihrer Produkte im Game Development. Schon immer kann ein Gamer im sogenannten PVE-(Player Versus Environment-)Modus spielen – gegen den Computer. Ein entscheidender Durchbruch wurde mit der Entwicklung und Vermarktung des Games Farcry realisiert. Das Spiel, welches mit der studioeigenen Cryengine des Frankfurter Developers Crytek entwickelt wurde, war bereits im Jahre 2004 richtungsweisend im Hinblick auf KI. Im PVE-Modus agierten die (Computer-)Gegner ‚intelligent', was den Spielreiz erhöhte. So veränderte sich beispielsweise das Verhalten des (Computer-)Gegners, wenn der Spieler während des Spiels auf einen Ast trat und das Geräusch zu hören war (Müller-Lietzkow 2019).

Auch in Games beruht Maschinelles Lernen (ML) auf Computeralgorithmen (Regelwerken), die Daten zu klassifizieren und im Voraus zu ermitteln lernen, ohne speziell dafür programmiert zu werden. Die ML-Algorithmen werden trainiert, um ihre interne Funktion zur Einordnung von Eingabedaten einzustellen, die sie anschließend zur Klassifizierung von neuem Input verwenden. Es wird differenziert zwischen überwachtem Lernen und unbeaufsichtigtem Lernen (Miranda 2019a, S. 40).

Aber auch die Monetarisierung von Computerspielen wird heute in ‚real time' und durch KI und Machine Learning (ML) beeinflusst. Insbesondere mit der Einführung der Free-to-Play Games erlangte KI für die Games Industry eine neue Dimension. KI war nicht mehr nur für das Game Development von Bedeutung, sondern wurde auch für die Monetarisierung weiterentwickelt. Die ersten Gehversuche von Free-to-Play ohne KI wurden nach dem Trial-and-Error-Prinzip unternommen und es sah zunächst so aus, als ob große Schäden auf betriebs- und volkswirtschaftlicher Ebene entstehen würden (Zelada 2017). Zahlreiche Insolvenzen und Kostenreduktionen durch Personalabbau bei Games-Unternehmen hatten seinerzeit Indikatorfunktion. Glücklicherweise bewahrheitete sich das Bedrohungsszenario nicht. Spätestens seit dem wirtschaftlichen Erfolg von Fortnite (Epic Games) wurde dokumentiert, dass es die Games-Branche heute durchaus versteht, Free-to-Play Games mit KI zu monetarisieren.

Ein guter selbstlernender (Computer-)Algorithmus erkennt durch Deep Learning das Spiel- und Investitionsverhalten eines Gamers und trägt so zur maximalen Monetarisierung eines Games bei. In-Game Items werden durch den In-Game- oder In-App-Purchase-Prozess dem Gamer immer dann offeriert, wenn seine Kaufbereitschaft statistisch, basierend auf dem bisherigen Spielverhalten, am höchsten ist. „Free-to-Play kann nur mit KI funktionieren", erläuterte deshalb Prof. Dr. Müller-Lietzkow auf dem Gamescom Congress 2019 in Köln (Müller-Lietzkow 2019), der durch die Chefredakteurin von „Gameswirtschaft. de", Petra Fröhlich, moderiert wurde. Müller-Lietzkow verweist weiterhin auf die Rechenleistung der aktuellen Computergeneration und Big Data, die durch die Spielerprofile online generiert werden. Während C++ als höhere Programmiersprache für die Entwicklung von Computerspielen als Standard gilt, bietet es sich laut Müller-Lietzkow an, Big Data mit Python auszuwerten.

Laudon führt zu ‚Big Data' aus, dass bis vor wenigen Jahren die Daten, die von Unternehmen gespeichert wurden, aus Transaktionsdaten bestanden, die sich problemlos in Zeilen und Spalten relationaler Datenbanken speichern und verarbeiten ließen (Laudon K. und Laudon J. 2018, S. 285). In diesem Zusammenhang spricht man auch von ‚Small Data' (vgl. Rieck 2015b, Datenspiele).

Mit der Digitalisierung geht eine Zunahme des Datenvolumens einher, die sich beispielsweise anhand der Microblogging Site Twitter dokumentieren lässt. Die enormen Datenströme erfordern neue

Datenanalyseverfahren. Allerdings bezieht sich die Terminologie ‚Big Data' nicht nur auf die ‚Datenmenge', sondern auch auf die ‚Datenvielfalt', ‚Geschwindigkeit' und die damit einhergehende ‚Datenwahrhaftigkeit' und deren ‚Werthaltigkeit'.

Eine entscheidende Kennzahl für den wirtschaftlichen Erfolg bei der Monetarisierung von Computerspielen ist der sogenannte CLV *(customer lifetime value)*, der synonym auch als LTV *(lifetime value)* bezeichnet wird (Lestiyo 2018) und im Kundenwertmanagement verortet ist. Prof. Dr. Bernd Skiera, der an der Goethe-Universität in Frankfurt am Main forscht, analysiert seit Jahren das Kundenwertmanagement und erläutert zum CLV und der damit einhergehenden Datenanalyse, dass *‚forward-looking customer metrics'* zielführend sind (Skiera et al. 2011).

Skiera erläutert weiterhin:

> Data is considered the new oil of the economy, but privacy concerns limit their use, leading to a widespread sense that data analytics and privacy are contradictory. (Skiera et al. 2019)

Jesse Schell führt in seinem Standardwerk ‚The Art of Game Design – A book of lenses' aus (Schell 2019, S. 540):

> LTV stands for lifetime value. That is, how much the average player pays over the entire play history. With F2P games, lots of players will pay zero. But some will pay a lot. The average amount spent per player is the average LTV. LTV varies widely from game to game (…)

Jesse erläutert weiterhin zu den Akquisitionskosten:

> The customer acquisition cost (…) is the way we measure what it costs, on average, to get someone to play your game. (…) With a very viral game, it might cost less. With some games it costs more (…) At fifty cents profit (…) you'll need a million players if your games cost 500k USD just to break even. You can see why increasing the LTV and decreasing the customer acquisition cost are so very important.

Jim Sterne erläutert an einem Beispiel für Schokoriegel, welches sich für die Games Industry adaptieren lässt, die Bedeutung des CLV im Hinblick auf die Akquisitionskosten (Sterne 2017, S. 121):

> If you spend a million dollars in marketing to get 100.000 customers, your cost of acquisition is 10 USD. (…) If you are selling candy bars (oder F2P Video Games) your days are numbered. However, if you never had to spend another dime and your candy bars (F2P Video Games) are addictive, the cost of acquisition gets spread out over years.

Natürlich ist die Monetarisierung von Games komplexer als die eines Schokoriegels. Die Grundlagen des CLV lassen sich an dem oben genannten Beispiel jedoch verdeutlichen. Sind die Akquisekosten im Marketing für einen Gamer hoch, so lassen sich diese nur durch eine hohe Zahl an loyalen zahlungskräftigen Daily Active Users (DAUs) und Monthly Active Users (MAUs) refinanzieren, die ein Spiel mit einer signifikanten Spieldauer *(Gametime)* nutzen (Anderie L. 2016, S. 160). Die Akquisitionskosten für einen User gilt es deshalb im Verhältnis zu seinem Kundenwert zu evaluieren. Hierbei gilt es insbesondere auch die Kosten für den Traffic, der im Online-Marketing generiert wird, zu berücksichtigen (Meyerson 2015, S. 99 f.).

Natürlich haben die jüngsten Datenskandale im Social- und E-Commerce auch einen Einfluss auf die Nutzung der User-Daten von Gamern.

Satya Nadella, der Microsoft CEO, befasst sich in seinem Buch ‚Hit Refresh – The Quest to Rediscover Microsoft's Soul and Imagine a Better Future for Everyone' (Nadella 2017) auch mit den Herausforderungen des ‚Digital Trust', der ‚Artificial Intelligence' (Nadella 2017, S. 3) und der Empathy, die im Hinblick auf die anstehenden Transformationen unserer Gesellschaft erforderlich ist. Er verweist auf die Bedeutung von Software-Architektur (Nadella 2017, S. 28) und die Leistungsfähigkeit der Xbox One (Nadella 2017, S. 161). Er zeigt das Business-Potenzial der Cloud auf, welches auch durch den ‚running at-scale service' von Xbox Live dokumentiert wird.

Um das Potenzial von KI und die Interdependenz mit Big Data im Hinblick auf die Monetarisierung für die Games-Branche zu erkennen, ist es sinnvoll, sich zunächst einer der Games Industry benachbarten Branche als Exkurs zuzuwenden: der Movie Industry. Das Businessmodell von Netflix, einer cloudbasierten Distribution-Plattform für Movies und TV-Serien in Kombination mit einer Abo-Modell-Monetarisierung, steht für KI-generierte Kundenbindung *(binge watching)*.

Sean Gerrish, ein promovierter Software-Ingenieur mit dem Fachgebiet Machine Learning, erläutert in seiner im Verlag des Massachusetts Institute of Technology (MIT) (Gerrish 2018 S. 57) erschienenen Veröffentlichung die KI-basierte *Recommendation Engine* von Netflix.

Im Wesentlichen handelt es sich um einen Computer-Algorithmus, der maßgeblich zum Erfolg des Unternehmens beiträgt:

Netflix ermöglichte es seinen Kunden, Filme *(Movies)* auf einer Skala von 1 *(worst)* bis 5 *(best)* zu evaluieren (Rating). Das Unternehmen verfügt über eine Datenbank mit über 100 Mio. Evaluationen *(star ratings)*, die von einem *recommendation algorithm* verarbeitet werden und Netflix-Kunden *(Usern)* Movies zum Konsum empfiehlt. Hierbei werden mit den Methoden des kollaborativen Filterns *(collaborative filtering)* Verhaltensmuster von Benutzergruppen ausgewertet, die auf die *(Movie-)*Interessen der Netflix-User schließen lassen.

Durch die Methodik der Matrixfaktorisierung, einer Klasse des kollaborativen Filterns, wird antizipiert, dass zwei Personen dieselben Vorlieben zu ähnlichen Produkten haben. Die Vorhersagen werden individuell gemacht, hierbei unterscheidet sich das kollaborative Filtern von einfacheren Methoden, bei welchen ein unspezifischer Mittelwert errechnet wird. Da es sich bei dem kollaborativen Filtern um ein ‚lernendes System' handelt, ist dieses als Künstliche Intelligenz einzustufen.

Bei Netflix stellt sich bei dieser Form des Data-Minings die Herausforderung, dass die Daten, die von Netflix in Form einer Matrix zur Verfügung stehen, lückenhaft sind. Abb. 3.3 verdeutlicht den Sachverhalt.

Lediglich 1 % der Felder der Matrix verzeichnen Daten, was sich dadurch erklärt, dass der durchschnittliche Netflix-User nur einen Bruchteil der zur Verfügung stehenden Filme evaluiert.

Gerrish stellt die Frage, ob eine ‚*movie-recomendation engine*' wirklich einen *major AI breakthrough* darstellt (Gerrish 2018, S. 59), weist

## 3 Monetarisierung von Computerspielen: Vom Algorithmus zur KI

**Collaborative Filtering - Netflix Recommendation Engine**

| | User 1 | User 2 | User 3 | User 4 | User 5 | ... | User 480185 | User 480186 | User 480187 | User 480188 | User 480189 |
|---|---|---|---|---|---|---|---|---|---|---|---|
| Terminator 2 | 5 | | 5 | | 4 | ... | 2 | 5 | | | 5 |
| Gummo | 1 | 1 | 2 | ? | | ... | | 3 | 2 | | ? |
| Clueless | | 4 | | ? | | ... | 2 | | 4 | | |
| Napoleon Dynamite | 4 | | 2 | | | ... | | 5 | 5 | | |
| Pan´s Labyrinth | 4 | | | | | ... | | 5 | | 5 | |
| ... | ... | ... | ... | ... | ... | ... | ... | ... | ... | ... | ... |
| Peanut Butter Solution | 3 | | | | 4 | ... | ? | ? | | | |
| X-Men | ? | | | 4 | | ... | 2 | 4 | | | 5 |
| Edward Scissorhands | 5 | | | 5 | | ... | | 5 | | | |
| Short Circuit | 4 | 4 | | | | ... | 1 | | | | |
| Toy Story | | ? | | 4 | | 5 ... | | 4 | | | |

**Abb. 3.3** Collaborative Filtering – Netflix Recommendation Engine nach Gerrish

jedoch gleichzeitig auf den wirtschaftlichen Erfolg hin, den diese Form der Künstlichen Intelligenz generiert hat:

> (…) a recommendation engine is an algorithm that aims to capture the preferences that make us human. (…) recommendation engines can model human preference so well (…) that they've already had a far bigger impact on our economy than self-driving cars and chess playing programs, as they power online commerce.

Er führt aus, dass Self-driving Cars sehr stark von dem Machine Learning abhängig sind, und erläutert, dass die Klassifizierung *(classifier)* von Informationen entscheidend ist (Gerrish 2018, S. 59):

A classifier provides a way to automatically figure out whether an item (like a recipe) belongs to a certain category (…).

Gerrish erläutert weiterhin, dass für die Grundlage der Netflix *movie-recommendation engine* die Methode des gewichteten Mittelwerts *(weighted average)* Bestandteil des Algorithmus sei. Der Entscheidungsprozess bezüglich der Auswahl eines Movies erfolgt im Zeitalter der Digitalisierung anders als seinerzeit bei dem ‚analogen' Ausleihen eines Films. Bei dem physischen Ausleihen eines Films in einer (seinerzeit noch existierenden) Videothek lag der User-Fokus in erster Linie auf Neuveröffentlichungen – Filme, die nach der Auswertung im Kino und im Pay-TV in Videotheken vermarktet wurden. Ursprünglich arbeitete Netflix mit einem Algorithmus mit dem Namen Cinematch, der im Rahmen des Data Minings auf eine 17.770 Filme umfassende Datenbank zugreifen konnte, die durch 480.189 User evaluiert wurden.

Anzumerken bleibt, dass seit Gerrishs Veröffentlichung das Rating-System (Skalierung von 1–5) und der Netflix-Algorithmus weiterentwickelt wurden. Gerrishs Ausführungen sind jedoch von hoher Relevanz für die Games-Branche, da sie verständlich darlegen, wie ‚plattformlernende KI-Systeme' und das Data Mining funktionieren. Netflix-Kundenbindung *(binge watching)* hat dazu geführt, dass das Unternehmen wirtschaftlich sehr erfolgreich ist. Der Umsatz *(revenue)* im Jahr 2018 belief sich auf 15,8 Mrd. US$, das Netto-Einkommen *(net income)* auf 1,2 Mrd. US$ (United States Securities and Exchange Commision 2018).

Der wirtschaftliche und technologische Erfolg von Netflix führt regelmäßig dazu, dass Parallelen zur Games-Branche gezogen werden: Die Citigroup verweist in einer aktuellen Veröffentlichung auf die Netflix-ization of Gaming (Bazinet und Singlehurst 2019).

Im Hinblick auf die Software-Architektur kann antizipiert werden, dass die Netflix *Recommendation Engine* vergleichbar ist mit Recommendation *Engines* von Games-Distribution-Plattformen wie PlayStation Network und Xbox Live. Noch komplexer gestalten sich die *Recommendation Engines* für gamespezifische Plattformen wie beispielsweise jene für Fornite: In-Game Items regelmäßig dem Gamer immer dann zum Kauf anzubieten, wenn er ‚dazu bereit sein müsste', funktioniert nur durch Deep Learning, bei dem die KI erkennt, welches Spiel- und Investitionsverhalten ein Gamer aufzeigt.

Die Netflix-ication der Games Industry, bei der KI ein fester Bestandteil ist, wird insbesondere durch die Plattform-Ökonomie des E-Commerce begünstigt.

Generell lässt sich der Markt nach der direkten Distribution durch einen Publisher und den sogenannten Drittanbietern differenzieren. Letztere betreiben Onlineplattformen für den Vertrieb von Computerspielen. Dabei stellen sie den Publishern Leistungen zur Verfügung, um deren Produkte online zu vermarkten. Die Drittanbieter stellen die Infrastruktur für die Downloads sowie Kontroll- und Steuerungsoptionen für Publisher bereit. Zudem werden der Bestell- sowie der Zahlungsprozess vollständig vom Drittanbieter übernommen. Die Publisher führen für diese Leistungen einen prozentualen Anteil ihrer Erlöse an den Onlineplattformbetreiber ab. Steam, eine von dem US-amerikanischen Unternehmen Valve gegründete Online-Vertriebsplattform für Games, berechnet einem Publisher 30 % der Umsatzerlöse, die über die Plattform generiert werden. Der Epic Games Store, eine von dem US-amerikanischen Unternehmen Epic Games gegründete Online-Vertriebsplattform, verlangt von den Publishern 12 % der erwirtschafteten Umsätze (Epicgames 2019).

Epics jüngerer Markteintritt als Online-Vertriebsplattform findet auch deshalb Beachtung im Games-Markt, da die Lizenzgebühren vergleichbar gering sind. Entscheidend für den Epic-Erfolg ist die Anzahl der User. Wenn die Epic-Plattform nicht genügend MAUs (Monthly Active User) oder DAUs (Daily Active User) generieren kann, werden auch niedrigere Lizenzgebühren nicht für deren wirtschaftlichen Erfolg entscheidend sein. Der Games-Markt bewegt sich in einem marktwirtschaftlichen Umfeld, bei dem Angebot und Nachfrage aufeinandertreffen. Wenn es genügend Nachfrage für die Games auf der Plattform gibt, sind für den betriebswirtschaftlichen Erfolg natürlich auch die Gebühren von Relevanz. Die Frage wird sein, ob die niedrigeren Gebühren in Form von niedrigeren Preisen, beispielsweise in Form von Promotions, an die User weitergegeben werden oder nicht. Der Preis hat natürlich einen entscheidenden Einfluss auf die Nachfrage.

Zudem bieten die Onlineplattformen von Drittherstellern ihren Kunden weitere Funktionen an, wie zum Beispiel Bibliotheken-Ansichten von erworbenen Videospielen, ‚Cloud-Saves' für Spielspeicherstände sowie einen Workshop-Bereich für einen möglichen ‚Mod-Support' von Videospielen. Für die Kommunikation mit Mitspielern bieten diese Plattformen Freundeslisten und Chatfunktionen an. Die Community-Funktionen, wie Diskussionen zu Videospielen oder Anleitungen sowie Benutzerbewertungen für einzelne Videospiele, sind für Gamer wichtige Elemente einer Onlineplattform. Einige der Onlineplattformen bieten Herstellern, Publishern und Spielern für ihre Spiele eine Umgebung für ein Anti-Cheat-System und Kopierschutzmechanismen für Videospiele, auch Digital Rights Management (DRM) genannt.

Bei Steam handelt es sich um eine Distributionsplattform für Content. Die Videogames sind der Content, der auf Steam vermarktet wird. Mit der Weiterentwicklung des E-Commerce im neuen Jahrtausend und den technischen Möglichkeiten (Datenübertragungsrate) hat Steam eine marktdominierende Rolle eingenommen und gleichzeitig den Markt geordnet.

Epic ist traditionell ein Development Studio, das bedeutet ein Content Creator. Das Studio kann auf eine lange Historie verweisen, es besteht seit mehr als 25 Jahren – eine Ewigkeit in der schnelllebigen Games-Branche. Mit der von Epic entwickelten Unreal Engine ‚spielt das Unternehmen in der ersten Liga' der Games Industry – als Video Games Development Studio und Engine-Entwickler. Deshalb versucht Epic, das Businessmodell um die Content Distribution zu erweitern. In der Betriebswirtschaftslehre wird Epics Strategie als Vorwärtsintegration im Rahmen der integralen Integration bezeichnet, bei der es im Wesentlichen darum geht, einen weiteren Teil in der Wertschöpfungskette für Games abzuschöpfen.

Ob Epics Engagement im Markt als Content-Distribution-Plattform zu einem Erfolg führen wird, gilt es zu monitoren. Im Wesentlichen handelt es sich hierbei auch um eine Frage der Ressourcen – ‚size matters'. Tencent als chinesischer Investor ist an Epic beteiligt – die wirtschaftliche Schlagkraft ist somit gewährleistet. Entscheidend für den Erfolg bleibt jedoch der Content, die Attraktivität des Game-Angebots auf der Epic-Plattform. Es wird also notwendig sein, dass mehr Entwicklerstudios ihre Games bei Epic anbieten. Distribution-Plattformen für Content sind nur dann erfolgreich, wenn sie ausreichenden quantitativen und qualitativen Content – Games – für den User zur Verfügung stellen. Fortnite ist ein Topseller, aber sicherlich nicht ausreichend, um eine Distribution-Plattform zu betreiben. Deshalb ist es sinnvoll, sich für andere Developer zu öffnen.

Es existieren diverse Onlineplattformen für den Vertrieb von Computerspielen von verschiedenen Unternehmen. Dazu gehören neben dem bereits dargestellten Steam und Epic Games Store auch GOG, Microsoft Store und der Twitch Store, um nur einige zu erwähnen. Einige Entwickler/Publisher betreiben eigenständige Onlineplattformen für den Vertrieb ihrer Computerspiele. Auf diesen Plattformen sind ausschließlich Spiele des jeweiligen Publishers distribuiert. Das hat den Vorteil, dass die Publisher keinen prozentualen Anteil des erwirtschafteten Umsatzes an Onlineplattformbetreiber entrichten müssen. Zudem stehen Entwickler/Publisher in direktem Kontakt mit ihren Kunden und können so auf die Daten (Big Data) zugreifen, welche dann für die Algorithmen und KI zur maximalen Monetarisierung unabdingbar sind. Der Nachteil einer eigenen Onlineplattform sind die entstehenden Kosten. Infrastruktur, Wartung, Weiterentwicklung, Support und Mitarbeiter müssen finanziert und durch die Umsätze der eigenständigen Vertriebsplattform gedeckt werden, um betriebswirtschaftlich zu arbeiten. Ubisoft (UPlay), Electronic Arts (Origin) und Activision/Blizzard (Blizzard) sind Beispiele von Entwicklern/Publishern, die ihre eigenständige Onlineplattform für den Vertrieb ihrer Computerspiele betreiben.

Die Plattform Origin des Publishers Electronic Arts operiert in einer Marktnische, ebenso Battle.net von Blizzard Entertainment und UPlay von Ubisoft – allesamt börsennotierte Unternehmen mit wirtschaftlicher Schlagkraft. Trotzdem konnte kein Unternehmen die marktdominierende Stellung von Steam gefährden. Das erklärt sich auch dadurch, dass die drei genannten Steam-Wettbewerber Partikularinteressen verfolgen, welche auf ihr eigenes Produktportfolio fokussiert sind.

Diese Situation ist in den Kernmärkten der Entertainment-Industrie nichts Neues und ein ganz normaler Prozess im Rahmen der Digitalisierung. Märkte werden immer durch Transformation oder Disruption weiterentwickelt. Steve Jobs entwickelte seinerzeit nicht nur das Smartphone, sondern digitalisierte auch gleich die Musikindustrie. Es gab in der Games-Markt-nahen Musikindustrie vier Major Publisher: Warner Music, EMI, Universal und Sony Music, die den Markt dominierten und alle eigene Partikularinteressen hatten. Sie waren nicht in der Lage, sich auf eine digitale Content-Plattform zu einigen. Dann ‚kam' Steve Jobs als ‚Disruptor', organisierte den Markt einschließlich der Preisstellung mit dem iTunes Store neu. Heute gibt es eine Vielzahl an Musik-Download-Plattformen. Eine vergleichbare Situation lässt sich in der Filmindustrie beobachten. Netflix transformiert den Markt, der durch wenige Major-Hollywoodstudios dominiert ist. Die Filmstudios konnten sich auf Anbieterseite nicht auf eine Content-Plattform für Movies einigen. Deshalb konnte Reed Hastings, der CEO von Netflix mit seinem Team den Markt bearbeiten. Der Markteintritt von Disney wiederum wird das Marktgefüge erneut ‚neu ordnen'. Die Situation der Musik- und Filmindustrie ist vergleichbar mit jener der Games Industry – die Marktmechanismen sind mehr oder weniger identisch. Bei einer globalen Gesamtmarktgröße von 100 Mrd. US$ für Games gibt es genügend Umsatzpotenzial zu allokieren – deshalb ist davon auszugehen, dass Steam auf absehbare Zeit die neue Konkurrenz schadlos überstehen wird.

Nicht unerwähnt sollten an dieser Stelle die sogenannten ‚Key-Reseller' bleiben. Sie verkaufen online Authentifizierungsschlüssel (Log-in Codes/Keys) von Games, welche von deren Kunden auf Onlineplattformen wie Steam oder Origin aktiviert werden können. Diese ‚Game-Keys' sind in der Regel günstiger als in den Stores auf den Onlineplattformen selbst und stammen teilweise aus unseriösen Quellen. Die Onlineshops der Key-Reseller sind im weitesten Sinne vergleichbar mit dem Amazon Marketplace. Allerdings sind einige dieser „Game-Keys" mit gestohlenen Kreditkarteninformationen bezahlt worden, sodass für die Entwickler und Publisher dieser Spiele ein finanzieller Schaden entstehen kann. ‚Key-Reseller' sind bei Gamern beliebt

## 3 Monetarisierung von Computerspielen: Vom Algorithmus zur KI

und bieten Mannschaften Sponsoring im E-Sports-Bereich an. Einige Beispiele für bekannte Key-Reseller-Unternehmen sind MMOGA, G2A, Humble Shop, GameLaden, Kinguin und GamersGate.

Dr. Andreas Lober erläutert in einem Gastbeitrag auf gamesindustry.biz Folgendes:

> The German Federal Supreme Court, for example, has found that the business of (re-)selling activation keys can be a criminal offence, and many other court rulings support game publishers or developers who act against such keysellers. The main court decisions here are the famous "UsedSoft" decisions. The legal questions involved are among the most complex of copyright law – under which circumstances can software be "resold"? For many products it is clear: the rightful owner can sell a used car whenever they want to. Also books or DVDs can generally be resold by the consumer who purchased them, and this also applies even to software sold on storage media. It is true that these are all works protected under copyright law, but once the rights owner has put a copy on the market, they cannot prohibit that this very copy can be resold – at least, not if the copy was placed on the market within the EEA and is being resold within the EEA. Technically, European law says that the rights holder's rights are exhausted. US law has a similar concept known as the first sale doctrine.
>
> (…) For games, the story is quite different. Games are not only software, they are so-called "hybrid" works – i.e. audio and visual elements form an important part. In the EU, audio and visuals are protected under a legal regime which is different from that applying to software (the InfoSoc Directive protects, inter alia, graphics and sound, and the Software Directive protects software). Courts have decided that games are protected under both regimes, and exhaustion can only apply if the conditions for exhaustion are met under both directives. This can never be the case for games distributed digitally: under the InfoSoc Directive, exhaustion can never happen for digital distribution, and most product keys sold by keysellers originate from digital distribution. (…) This means, ultimately, that game publishers and developers who want to take aggressive action might have to resort to legal instruments used against pirates – takedown notices with host providers, disconnecting domains, blocking injunctions, and tackling all companies supporting these services. (Lober 2019)

## 3.1 Künstliche Intelligenz und Wertschöpfung

Künstliche Intelligenz (KI)/*Artificial Intelligence (AI)* ist ein fester Bestandteil der Games Industry. KI umfasst die Bandbreite von schwacher bis starker KI und so verhält es sich auch, wenn es um die Wertschöpfung in Games im Hinblick auf die User Experience (UX) geht. Miranda erläutert die Bandbreite von der ‚einfachen Programmierung' bis zum ‚KI-Cheat' folgendermaßen:

> (…) Oft reicht (bei Games) jedoch eine einfache Programmierung eines nur wenig intelligenten Verhaltens ohne Einsatz ausgefeilter KI-Techniken.
>
> Bei Pac Man steuert der Spieler eine Figur durch ein Labyrinth voller Lebensmittel und läuft dabei vor Geistern davon. Deren Bewegung mag auf den ersten Blick zufällig erscheinen, aber ihr Verhalten ist durch ein strenges Muster bestimmt. Trotz ihrer Einfachheit haben die Verhaltensweisen der Geister Pac Man zu einem Kultspiel unserer Zeit gemacht.
>
> Die KI von Computerspielen schlägt menschliche Spieler oft durch Multitasking und übermenschliche Schnelligkeit. Dagegen sind wir heute noch besser in Spielen, die strategische Kreativität erfordern. Um diesen Mangel zu beheben, kann KI ‚cheaten'. Künstliche Gegner erhalten einen Vorteil in Form von zusätzlichen Tools, Aktionen, Ressourcen oder Informationen, die dem menschlichen Spieler nicht zur Verfügung stehen. Dieser ‚KI-Cheat' grenzt in modernen Spielen häufig die einzelnen Level voneinander ab. (Miranda 2019a, S. 42)

Die KI der Games Industry deckt jedoch ein breiteres Spektrum mit zahlreichen Spill-Over-Effekten in andere Branchen und Lebensbereiche ab (Google 2019, S. 19). Handel, Healthcare, Mobility, Car Industry, Training und Education – überall werden signifikante technologische Entwicklungen durch KI begünstigt. Social Media funktioniert weitestgehend durch KI und Experten sagen dem Legal-Markt für Juristen signifikante Umbrüche durch Disruption und Transformation voraus (Anderie L., Games Industry Management/Handelsblatt Virtual Reality Legal 2018a).

Durch KI, die Digitalisierung und das Internet wird eine Veränderung der Wertschöpfungsketten vorgenommen, welche es ermöglicht, für User und Anbieter zu wesentlich günstigeren Kosten Angebote zu offerieren als durch frühere Techniken (vgl. Hansen et al. 2019, S. 221).

Ebenfalls ist es bereits gängige Praxis in der Games Industry, dass KI für Serious Games eingesetzt wird. Edukative und Trainings-Games stehen heute in großer Zahl zur Verfügung und werden unter anderem federführend durch Dr. Stefan Göbel an der TU Darmstadt im Rahmen des WTT-Projekts entwickelt und dokumentiert (wtt-serious-games 2019).

> Serious Games sind Spiele, die nicht nur der Unterhaltung, sondern auch der Forschung, Bildung, Physiotherapie oder ähnlichen Zielen dienen. (…) So werden selbstfahrende Kraftfahrzeuge vorerst im Spiel getestet (Miranda 2019a, S. 42).

Laut Miranda ist für die KI bei Serious Games oft eine einfache Programmierung eines *nur wenig intelligenten Verfahrens ohne ausgefeilte KI-Techniken ausreichend* (Miranda 2019a, S. 42). Es ist davon auszugehen, dass sich diese Situation in den kommenden Jahren fundamental ändern wird, da Serious Games zunehmend auch an wirtschaftlicher Bedeutung gewinnen und somit auch die Anforderungen im Hinblick an die KI-Systeme. Eine der entscheidenden Fragen wird die der Monetarisierung von Serious Games sein: Werden diese durch Programme, die als Gründerförderung über die KFW und Landesförderbanken abgewickelt werden, in eine ‚Investorenlogik' gepresst, welche innovationsorientierte, risikofreudige Herangehensweisen nicht unterstützt, stellt sich dieses als problematisch dar (Behrmann 2017, S. 166).

KI ist keineswegs ein neues Themen- und Forschungsgebiet. Bereits seit den 1950er-Jahren beschäftigten sich Wissenschaftler (Alan Turing) mit Künstlicher Intelligenz. Wie schon bei der Digitalisierung (Anderie L., Gamification, Digitalisierung und Industrie 4.0 2018b, S. 4) assoziiert man mit starker KI automatisch die Robotik. Wie diese einmal aussehen könnte, wurde ebenfalls bereits vor über 40 Jahren von George Lucas in Perfektion visualisiert: In Star Wars zeigte Lucas wie Roboter verschiedener Typenklassen KI-gesteuert mit Menschen interagieren können.

Bei Star Wars werden die Roboter als Droiden bezeichnet und es gibt sie in allen Formen und Baureihen: von dem ‚golden Protokolldroiden' C3PO, der über 6 Mio. Sprachen beherrscht (Barr und Bray 2017, S. 134), bis hin zu den Astromech-Droiden R2D2 oder BB-8, die an der Seite ihrer menschlichen Helden zahlreiche Abenteuer bestehen. Das ist natürlich nur möglich, weil in der Space Opera Star Wars Künstliche Intelligenz in ferner Zukunft schon bis zur Perfektion weiterentwickelt wurde. Der momentane KI-Sachstand stellt sich in der Realität etwas bodenständiger dar: Der durchschnittliche Roboter hat den Intelligenzquotienten einer Stechmücke (Kaku 2014).

Versucht man Künstliche Intelligenz *(Artificial Intelligence)* mit menschlicher Intelligenz *(Human Intelligence)* zu vergleichen, stellt sich in der aktuellen Forschung sehr schnell die Frage des Bewusstseinszustands als Messgröße – weiß ‚der Computer', wer er ist, kann er empathisch sein? (Anders 2019, S. 195)

In bestimmten Game-Genres simuliert die Game-Engine schon heute KI-Bewusstseinszustände im PVE-Modus. Ob im Survival-Horror-Genre (The Last of Us) oder im Science-Fiction-Genre (Cyberpunk 2077) – der *‚Look and Feel'* von Bewusstseinszuständen, einschließlich empathischer Elemente, wird während des Gameplays ‚realitätsnah' suggeriert.

Prof. Dr. Michio Kaku, Professor, Physiker und renommierter Zukunftsforscher, differenziert vier verschiedene Spezies anhand ihrer Gehirnstruktur *(Brain Structure),* um auf die Formen von Bewusstseinszuständen, insbesondere des Menschen, einzugehen (Abb. 3.4) Diese dienen als Grundlage dafür, um KI zu evaluieren und zu klassifizieren: Pflanzen (Plants) verfügen über kein Gehirn, Reptilien *(Reptiles)* über einen Hirnstamm, der die Verarbeitung von Reizen und Instinkten ermöglicht. Säugetiere *(Mammals)* verfügen über ein limbisches System, welches die Verarbeitung von Emotionen ermöglicht, und Menschen *(Humans)* über einen präfrontalen Cortex, der sensorische Signale empfangen, Gedächtnisinhalte speichern und emotional bewerten kann (Kaku 2014, S. 49).

## 3 Monetarisierung von Computerspielen: Vom Algorithmus zur KI

**Levels of Consciousness for different Species**

| Level | Species | Parameter | Brain Structure |
|---|---|---|---|
| 0 | Plants | Temperature, sunshine | None |
| I | Reptiles | Space | Brain stem |
| II | Mammals | Social relations | Limbic system |
| III | Humans | Time (esp. future) | Prefrontal cortex |

**Abb. 3.4** Levels of Consciousness for different Species nach Kaku

Kaku erläutert die Komplexität des menschlichen Gehirns. Er zeigt auf, wie in einem neuronalen Netz durch ‚das Ansteuern' mit elektrischen Impulsen der unterschiedlichen Gehirnregionen Präfrontaler Cortex (Prefrontal cortex), Thalamus (Talmus), Hirnstamm (Brain stem), Hippocampus, Amygdala und Orbitallappen (Orbitofrontal cortex) verschiedene Stufen von Bewusstseinszuständen (Consciousness) generiert werden (Abb. 3.5). Anhand von Abbildungen erläutert Kaku umfangreich die Parallelen zwischen menschlicher und Künstlicher Intelligenz und differenziert zwischen drei Stufen von Bewusstseinszuständen (Levels): Zusammenspiel der Sinne *(Stream of Consciousness)*, Standortbestimmung innerhalb der Gesellschaft *(Finding our place in Society)*, vorausschauendes Handeln *(Simulating the Future)*.

Bei menschlicher Intelligenz ist das Gehirn mit seinen verschiedenen Regionen und seinem neuronalen Netzwerk von zentraler Bedeutung. Über Synapsen werden Signale elektrisch oder chemisch an andere Synapsen weitergeleitet und bilden so die ‚Grundlage für die Entstehung von Intelligenz'. Für KI sind künstliche neuronale Netzwerke von entscheidender Bedeutung für die Entwicklung von Intelligenz – Netze

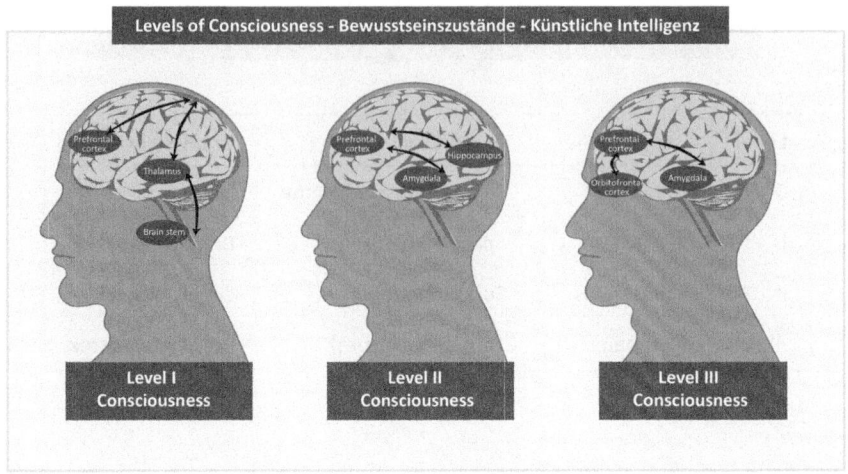

**Abb. 3.5** Levels of Consciousness – Bewusstseinszustände – Künstliche Intelligenz nach Kaku

aus künstlichen Neuronen. Künstliche Neuronen sind ein Knotenpunkt, ähnlich den Nervenzellen des Menschen, die auf die Aufnahme und Verarbeitung von Signalen reagieren. Künstliche Neuronen sind Forschungsgegenstand der Neuroinformatik.

> Machines that can complete cognitive tasks are even more important than machines that can accomplish physical ones. And thanks to modern AI we now have them. Our digital machines have escaped their narrow confines and started to demonstrate broad abilities in pattern recognition, complex communication, and other domains that used to be exclusively human. (Brynjolfsson und McAfee 2014, S. 61)

In der Games Industry gibt es zweifelsohne das Know-how, signifikant zur Weiterentwicklung von KI beizutragen. Allerdings ist dies nicht die primäre Zielsetzung bei der Entwicklung von Games – hier geht es in erster Linie darum, durch Entertainment ‚Fun und Action' für die Zielgruppe der Gamer zu generieren und die User Experience zu steigern. Wenn dies den Einsatz eines künstlichen neuronalen Netzes erfordert, wird die Games Industry diese Technologie adaptieren oder (weiter-)

entwickeln. Etwas anders verhält es sich an der Schnittstelle zwischen Technology und Serious Games. Das vom Land Hessen geförderte und von Dr. Göbel an der TU Darmstadt federführend geleitete WTT-Projekt (wtt-serious-games 2019) evaluiert auch künstliche neuronale Netze im Hinblick auf das Potenzial für Serious Games.

Nicht zu vernachlässigen ist die Perspektive, die Menschen im Hinblick auf KI einnehmen. Gemäß Rieck's Law, benannt nach dem gleichnamigen Prof. Dr. Christian Rieck der Frankfurt University of Applied Sciences mit dem Forschungsschwerpunkt Finance und Wirtschaftstheorie, stellt sich die Situation folgendermaßen dar (Rieck 2015a, S. 30):

> Künstliche Intelligenz ist immer nur das, was die Computer gerade noch nicht können. Sobald sie es können, empfinden wir es nicht mehr als Intelligenz. Der Grund dafür ist wahrscheinlich dieser: Wir empfinden nur ‚Allgemeine Intelligenz'. Maschinenintelligenz ist (…) immer eine spezielle Intelligenz. Deshalb kommen uns Maschinen immer irgendwie dumm vor, auch wenn sie analytische Leistungen vollbringen, zu denen wir nicht ansatzweise in der Lage wären. Von den besten Robotern, die unsere Zeit hervorbringt, heißt es abfällig, sie haben die Intelligenz eines Insekts. Das stimmt wohl auch – sobald wir von ‚Allgemeiner Intelligenz' sprechen. Ein Insekt kann aber im Allgemeinen kein Schachspiel gewinnen. Ein Roboter hingegen schon, sofern er dafür optimiert wurde. Und da man nicht einen Roboter braucht, der alles gut kann, sondern nur für jede Aufgabe einen Roboter braucht, der diese gut kann, sieht die Welt schon deutlich anders aus.

Kai-Fu Lee (2018), Autor des Bestsellers ‚AI Super-Powers – China, Silicon Valley and the new world order', erläutert hierzu:

KI kann auf zahlreiche ‚*boom-and-bust*'-Zyklen, *Machine Learning* und *Deep Learning* auf ein halbes Jahrhundert ‚*tumultuous research*' zurückblicken. Lee verwendet die Terminologie ‚*AI Winters*' für Phasen, in welchen die Forschung aufgrund fehlender finanzieller Förderung zum Stillstand gekommen ist. Diese erklären sich in erster Linie durch fehlende praxisrelevante Forschungsergebnisse *(lack of practical results)*. Schon in den 1950er-Jahren setzten sich die Pioniere der Künstlichen Intelligenz ambitionierte Ziele:

Recreate human intelligence in a machine.

Über die Zeitachse der folgenden Jahrzehnte wurden dann neuronale Netzwerke entwickelt, die ab den 1970er-Jahren ‚einen Rückschlag' erfuhren, da diese als unzuverlässig und limitiert in der Anwendung galten. Nach diesem AI-Winter, der bis in die 1990er-Jahre andauerte, erfolgte aufgrund gesteigerter Rechnerleistungen und der zur Auswertung zur Verfügung stehenden Daten (Big Data) eine *AI-Renaissance*. Mitte der 1990er-Jahre gab es dann ein ‚*rebranding*' der Forschung an neuronalen Netzwerken, die nun als Deep Learning beschrieben wurde (Lee 2018, S. 7–9). Laut Lee ist das Jahr 2016 ein ‚*Sputnik-Moment*', den er als Deep-Learning-Revolution bezeichnet: Chinas Technology Community nahm sich des Forschungsgebiets an, das jahrelang durch die Silicon-Valley-Protagonisten dominiert wurde.

Allerdings gab es auch schon vor Lees Ausführungen Kritik und Zweifel daran, ob Silicon Valley tatsächlich exponentielles (unbegrenztes bzw. freies) Wachstum im Hinblick auf Künstliche Intelligenz realisiert. Nicht nur bei der Entwicklung von AI, die, wie bereits ausgeführt, immer einmal wieder einer ‚Winterperiode' unterliegt und bei der die Entwicklung stockt oder brachliegt, gibt es auch bei anderen technologischen Entwicklungen lediglich inkrementelle Entwicklungen oder Scheinlösungen. Peter Thiel, einer der erfolgreichsten Silicon-Valley-Investoren, lässt in dem von ihm geführten Technologiefond ‚Founders Fund' in einem Manifest Folgendes ausführen:

> Die Zukunft, auf die die Leute in den 1960er-Jahren gewartet haben, ist immer noch die Zukunft, auf die wir heute, ein halbes Jahrhundert später, warten. Statt Captain Kirk und der USS Enterprise haben wir den Preisvergleicher ‚Priceline' und günstige (Billig-)Flüge. (Vgl. Rappold 2017, S. 19)

Auffällig ist, dass die Games-Branche in ihrer 50-jährigen Geschichte stets auf eine hohe Dynamik zurückblicken kann. Auch wenn der Zusammenbruch der Games Industry Mitte der 1980er-Jahre nicht als ‚*Games-Winter*', sondern als ‚*Videogame-Crash*' bezeichnet wurde – ‚Boom-and bust'-Phasen kennt die Games Industry durchaus. Allerdings dauern die Zyklen nicht Jahrzehnte, sondern Jahre, gelegentlich auch nur Monate – aufgrund der Schnelllebigkeit und der hohen Innovationsfähigkeit der Branche.

## 3 Monetarisierung von Computerspielen: Vom Algorithmus zur KI

Deep Learning als neuer Begriff für künstliche neuronale Netze wurde erstmals im Jahr 2000 in einschlägigen wissenschaftlichen Veröffentlichungen erwähnt. Wie bereits ausgeführt, ist ein Neuron (Nervenzelle) ein Knotenpunkt einer auf Erregungsleitung und Erregungsübertragung spezialisierten Zelle, die in ihrer Gesamtheit aller Nervenzellen das Nervensystem bildet. Das künstliche tief gehende Lernen neuronaler Netze basiert auf zahlreichen Zwischenlagen *(Multilayer Neural Networks)* zwischen Eingabeschicht und Ausgabeschicht und ermöglicht einen stabilen Lernerfolg.

Abb. 3.6 verdeutlicht die Wechselwirkung zwischen *Multilayer Neural Networks, Machine Learning* und *Big Data*.

Für die Games Industry sind KI-Computersysteme, die nach der Art des Gehirns funktionieren, von hohem Interesse. Es lernt fortlaufend, indem es die Dateneingaben mit den Ausgaben vergleicht. Für das Gameplay wird die User Experience signifikant gesteigert. Dies geschieht mithilfe eines teilweise autonomen Filterprozesses und eines Netzes miteinander verbundener Knoten, sogenannten künstlichen

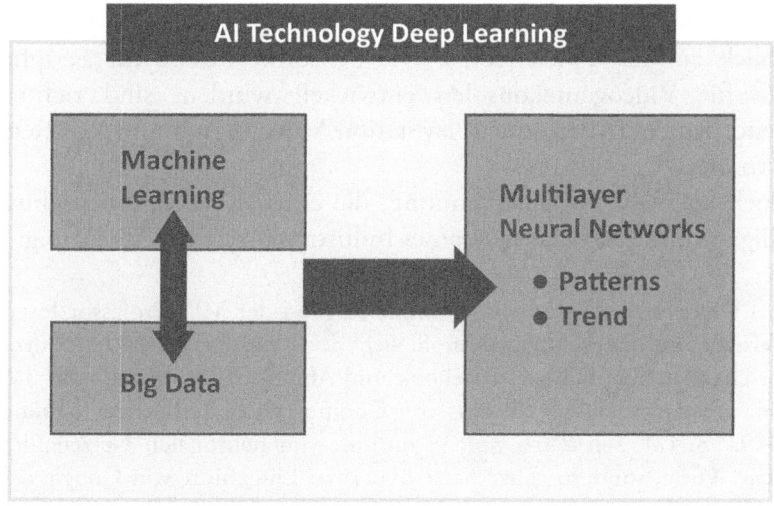

**Abb. 3.6** AI Technology Deep Learning

Neuronen, von denen jeder eine vereinfachte Version einer Synapse ist. Seit 2011 hat dieses Modell dem Deep Learning zum Durchbruch verholfen (Vgl. Miranda 2019a, S. 12).

Neben der Weiterentwicklung künstlicher neuronaler Netzwerke ist insbesondere auch die Sensorik für die weitere technologische Entwicklung und Wertschöpfung mit KI von Bedeutung: KI muss interagieren können und dies ist nur dann möglich, wenn die Sensorik hierfür Grundlagenforschung betreibt. Deshalb werden Weiterentwicklungen in der Sensorik, wie beispielsweise das BCI *(Brain Computer Interface)*, mit dem Dr. Stefan Göbel an der TU Darmstadt im Rahmen von Serious Games forscht, zukunftsweisend sein.

Stephen Hawking führt aus (Hawking 2018, S. 194):

> (…) the future of communication is brain computer interface.

Schon heute können simple Video Racing Games via *BCI* gesteuert werden. Die Interdependenzen zwischen KI, Videogames und Robotik sind evident (Göbel 2018).

Computerspiele sind, genauso wie die Robotik, eng mit KI verzahnt. Bild- und Spracherkennung bereichern jede User Experience (UX) im Hinblick auf das Spielerlebnis. Die Sensorik, welche für Peripheriegeräte für Videogamekonsolen entwickelt wurden, sind richtungsweisend: Kinect (Microsoft), PlayStation Move (Sony) und Wii Remote (Microsoft).

Doch auch die Spracherkennung, die einen Kern der menschlichen Intelligenz bildet, ist für die Games Industry von hoher Bedeutung:

> (…) Den ersten Chatbot programmierte 1964 der MIT-Professor Joseph Weizenbaum (Miranda 2019a, S. 44). Seit den 2010er-Jahren nutzen Forscher (…) bei Google, Facebook und Amazon (…) maschinelles Lernen, um das Sprachverständnis von Computern zu verbessern (Miranda 2019a, S. 42). Seit 2016 werden mithilfe von neuronalen Netzen nicht mehr Worte, sondern ganze Sätze übersetzt. Eingeführt von Google (…) werden auch mit Erfolg verwendet. (Miranda 2019b, S. 44)

## 3 Monetarisierung von Computerspielen: Vom Algorithmus zur KI

Wertschöpfung mit KI wird in der Games Industry im Wesentlichen durch eine erhöhte User Experience (UX) im Gameplay und bei der Monetarisierung durch In-Game Items generiert. Deshalb ist es sinnvoll – nach dem bereits dargelegten Netflix-Exkurs im Hinblick auf die *Recommendation Engine* – erneut ‚über den Tellerrand zu schauen', um zu verstehen, wie im Investmentbanking mit KI gearbeitet wird. Bei der Monetarisierung von Games können möglicherweise zahlreiche Parallelen zum Investmentbanking gezogen werden. Wie im vorherigen Kapitel dargelegt, handelt es sich bei In-Game Items um Virtual Assets.

Prof. Dr. Vasant Dhar, einer der führenden KI-Forscher an der New York University, erläuterte bei einem Forschungsaufenthalt in New York die Vorhersagbarkeit von KI, die auch für die Games Industry von Bedeutung ist. Dhar, der seit Jahren an KI im Investmentbanking forscht, zeigt in zwei Schritten auf, wie sich die Vorhersagbarkeit von KI auf bestimmte Ereignisse auswirkt und welche Kosten bei Fehlvorhersagen entstehen, und erläutert diese anhand einer ‚AI Heatmap' (Dhar 2018).

Anhand der Grafik ‚Künstliche Intelligenz und Vorhersehbarkeit' veranschaulicht Dhar, wie sich ausgewählte Geschäftsfelder im Hinblick auf die zukünftigen Entwicklungen vorhersagen lassen (Abb. 3.7).

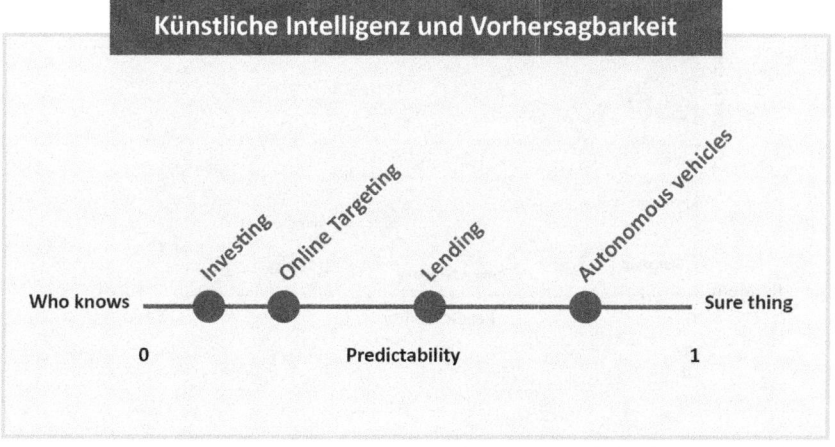

**Abb. 3.7** Künstliche Intelligenz und Vorhersagbarkeit nach Vasant Dhar

Er differenziert zwischen schwierig *(Who knows)* und einfach vorhersehbaren Entwicklungen *(Sure thing)*. So sind Entwicklungen im Investment Banking *(Investing/Trading)* schwierig vorherzusagen, ebenso Zielgruppendefinitionen in der Online-Werbung *(Online Targeting)*. In dem Geschäftsfeld der Kreditvergabe *(Lending)* lässt sich die Ausfallwahrscheinlichkeit aufgrund von Daten treffsicherer voraussagen. In die Wahrscheinlichkeitsrechnung selbstfahrender Autos *(Autonomous vehicles)* fließen sehr viele Variablen basierend auf Big Data ein, deshalb ist die Erfolgsquote für eine korrekte Vorhersehbarkeit relativ hoch *(Sure thing)*.

Dhar erläutert weiterhin anhand eines Koordinatensystems, wie sich ‚Fehlvorhersagen' im Hinblick auf die potenzielle Schadenshöhe *(Cost per Error)* auswirken könnten (Abb. 3.8). Daraus leitet er die Empfehlung

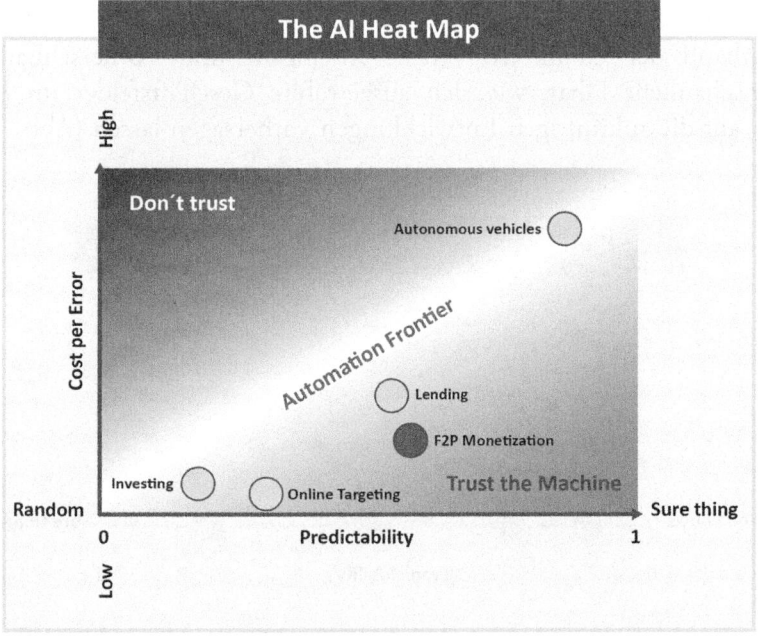

**Abb. 3.8** The AI Heat Map nach Dhar einschließlich der Verortung von Free-to-Play Games

ab, ob computergenerierter KI eine hohe Vertrauenswürdigkeit *(Trust the Machine)* eingeräumt werden sollte oder nicht *(Don't Trust)*.

Erweitert man die von Dhar entwickelte ‚AI Heat Map' um die Bedeutung von KI für die Free-to-Play-Monetarisierung *(F2P Monetization)*, so lässt sich festhalten, dass die Vorhersehbarkeit *(Predictability)* von Kaufentscheidungen für In-Game Purchases relativ hoch ist, der Schaden bei einer Fehleinschätzung *(Cost per Error)* durch die KI jedoch relativ gering ist. Führt der dem Gamer vorgeschlagene *In-Game Purchase* nicht zum unmittelbaren Erfolg, bekommt dieser einfach zu einem späteren Zeitpunkt ein anderes virtuelles Gut vorgeschlagen. Ein signifikanter unmittelbarer Schaden – außer dem nicht realisierten Umsatz – entsteht zunächst einmal nicht.

## 3.2 Wertschöpfung 4.0: Monetarisierungsmodelle für Games

Analysiert man die aktuellen Entwicklungen in der Monetarisierung von Computerspielen, so dürfen Veröffentlichungstechniken wie *‚Steam Early Access'*, Lootboxen und die Rückkehr der Abo-Modelle nicht unerwähnt bleiben. Auch das *Cloud Gaming*, welches in der einschlägigen Literatur teils als technische Innovation, teils als Monetarisierungsmodell bezeichnet wird, gilt es zu berücksichtigen.

Neben dem Verkauf von In-Game Items *(In-App* oder *In-Game Purchases)* mithilfe von KI dokumentieren sie die hohe Innovationskraft der Games Industry – auch im Hinblick auf Monetarisierungsmodelle (Brynjolfsson und McAfee 2017). Sie alle dienen dazu, die Wertschöpfung des Kultur- und Wirtschaftsguts Games zu maximieren oder ‚zu Geld zu machen' (vgl. GS Lexikon).

Generell spielt sich die Monetarisierung von Computerspielen in einem Spektrum zwischen ‚Free-to-Play' und ‚Pay-to-Play' ab. Bei der ‚Free-to-Play'-Monetarisierung wird das Game dem User kostenlos zur Verfügung gestellt. Bei ‚Pay-to-Play' als Monetarisierungsmodell muss der Gamer für die Nutzung des Spiels bezahlen. Dazwischen finden sich alle möglichen Monetarisierungsformen, die durch verschiedene

Definitionen, synonyme Verwendungen von Begrifflichkeiten oder spezifische Bezeichnungen innerhalb eines Marktsegments variieren: ‚Pay-to-Win', Abo-Modelle (Subscription-Modelle), ‚In-App Purchases', In-Game Purchases', ‚Game Time', DLC (Downloadable Content) – die Liste ist lang und entwickelt sich beständig weiter. Bedeutend sind auch Monetarisierungsmodelle, die mit der ‚Windowing-Technik' und Zeitfenster arbeiten – bekannt aus der Filmwirtschaft.

Es würde den Umfang dieser Quick-Guide-Veröffentlichung sprengen, alle Monetarisierungsmodelle umfassend darzulegen. Ein grundlegendes Verständnis der Free-to-Play-(Free2Play/F2P-)Monetarisierung ist jedoch unabdingbar, um wesentlich jüngere Entwicklungen wie Steam Early Access, Lootbox, Abo-Modelle und Cloud Gaming zu verstehen.

Das Monetarisierungsmodell Free-to-Play basiert auf dem Freemium-Geschäftsmodell, welches in der Internetökonomie durchaus beachtliche Erfolge verzeichnen kann.

Es basiert auf dem Grundprinzip, Games zunächst kostenlos zu vermarkten. Gamer erwerben das Videospiel ohne Entrichtung eines Entgelts. Die User können Games kostenlos aus dem Internet herunterladen und nutzen, allerdings existieren keine Retail-Boxen im Einzelhandel und ein Kauf als Datenträger ist in der Regel ausgeschlossen. Free-to-Play-Videospiele finanzieren sich primär über In-Game-Transaktionen (Rehfeld 2013, S. 216).

Rehfeld unterscheidet bei In-Game-Transaktionen zwischen Inhalten von dekorativen Elementen und sogenannten Gambits. Dekorative Elemente haben in der Regel keinen direkten Einfluss auf das Gameplay. Sie verleihen dem Standard Game jedoch ein individuelles Erscheinungsbild, beispielsweise durch Form- und Farbgebung. Dekorative Elemente funktionieren vor allem in Videospielen, die keine direkte Rivalität bzw. Wettbewerb zu anderen Gamern haben und einen klaren Bezug zum Vorzeigen (showing off/posing) von Dingen besitzen. (Rehfeld 2013, S. 217) Zu diesen dekorativen Inhalten zählen unter anderem Skins für Charaktere und/oder In-Game-Einheiten, Avatar-Bilder für das Spielerprofil, Skins für Waffen, spezielle Flaggen und Wappen und andere Dinge. Dekorative Elemente generieren vergleichsweise geringe Umsätze. Allerdings lohnt es sich, Dekorationen zu vermarkten. (Vgl. Rehfeld 2013, S. 217) Sogenannte Gambits generieren einen deutlich höheren Umsatz in Free-to-Play Games. Gambits generieren für Gamer gewisse Vorteile im Spiel. Rehfeld beschreibt Gambits folgendermaßen:

> (...) Hier stehen Ressourcen im Vordergrund, die einen Spieler entweder stärker machen, um im Wettkampf besser dazustehen, oder einen Zeit-/Fortschrittsgewinn bedeuten. Die Bereitschaft, für beides Geld auszugeben, wird durch einen direkten Konflikt (PVP) oder eine sofortige Vergleichbarkeit mit Gegen- oder Mitspielern am besten befördert. Dies funktioniert auch sehr gut in den oben genannten Games, in denen der Wettkampf und das Vorzeigen von Trophäen oder durch die Positionierung in Ranglisten (unter Freunden etc.) reduziert ist." (Rehfeld 2013, S. 217)

Die Inhalte, welche sich ‚am besten vermarkten lassen', variieren je nach Spielgenre. Bei Videospielen, welche zum Genre Wirtschaftssimulation zählen, sind ‚Beschleuniger' (Gametime) beliebt. Dadurch können Gamer Wartezeiten verkürzen und sich Vorteile im Spiel verschaffen. Bei MMOs, in denen Gamer mit ihren Charakteren Erfahrungspunkte (experience points/EXP) sammeln, um höhere Gameplay Level zu erreichen, sind Gegenstände sehr beliebt, die den ‚Erwerb von Erfahrung' erhöhen. Somit können sie schneller Erfahrungspunkte sammeln als Gamer, welche nicht über einen sogenannten „EXP Boost" verfügen. In Videospielen, welche zu dem Genre Sammelkartenspiele gehören, werden oft In-Game-Währungen in Form von Kristallen oder Gold angeboten. Diese können teilweise spielerisch freigeschaltet werden. Gamer sind damit in der Lage, „Booster-Packungen", welche weitere Sammelkarten enthalten, zu erwerben. Zudem können diese In-Game-Währungen mit ‚Echtgeld' erworben werden. Damit erhalten zahlende Gamer mehr Sammelkarten als nicht zahlende. Bedingt durch das Online-PVP (Player vs. Player) besitzen zahlende Gamer deutliche Vorteile gegenüber nicht zahlenden. Diese In-Game-Transaktionen werden oft auch als „In-App Purchases (IAPs)" oder Mikrotransaktionen bezeichnet. Ursprünglich waren Free-to-Play Games fast ausschließlich als Browsergames erhältlich. Bedingt durch die disruptive Vermarktung der Smartphones sind Browsergames mittlerweile eine Nischenplattform. Gamer sind nicht mehr an einen Computer mit Browser gebunden. Sie können sich die Spiele-Apps mit einer bestehenden Internetverbindung aus einem App-Store auf ihr Smartphone herunterladen, spielen und ihren Fortschritt mit anderen Gamern vergleichen und miteinander spielen. Alternativ können Free-to-Play Games auch auf dem PC oder der Konsole gespielt werden. Es kann antizipiert werden, dass der Titel ‚Fortnite' des US-amerikanischen Herstellers und Publishers EPIC Games aktuell das wirtschaftlich erfolgreichste Free-to-play Game im Markt darstellt. Das Spiel zählt zum Genre Battle-Royal und ist auf den Plattformen PC, Konsole und für mobile Endgeräte veröffentlicht. Im März 2019 verzeichnete Fortnite rund 250 Mio. registrierte Gamer – plattformübergreifend und weltweit. Dazu zählen 78,3 Mio. Monthly Active User (MAUs). Laut Mein MMO auf Berufung von offiziellen Zahlen von EPIC Games waren im März 2019 10,8 Mio. Gamer gleichzeitig im Spiel angemeldet (vgl. MeinMMO 2019).

Der Einfluss des Monetarisierungsmodells Free-to-Play auf den E-Commerce ist groß. Entwickler und Publisher vermarkten Free-to-play Games und deren Inhalte ausschließlich online und in der Regel über eigene Ökosysteme und Shops.

Wie bereits ausgeführt, unterliegen Monetarisierungsmodelle in der Games Industry durch die hohe Innovationskraft der Branche und den Verdrängungswettbewerb einem beständigen Wandel.

Im Folgenden wird auf vier wesentliche jüngere Entwicklungen fokussiert:

- Steam Early Access
- Lootbox
- Abo-Modelle
- Cloud Gaming

**Steam Early Access**
Auf der Gamingplattform Steam können Gamer sich aktiv an der Entwicklung von Games beteiligen. Dort finden Sie alle Games, die spielbar sind, sich aber noch in der Entwicklungsphase befinden. In den meisten Fällen sind die Spiele günstiger und in der finalen Version zu deutlich

> höheren Preisen erhältlich. Diese Form der Monetarisierung dokumentiert einmal mehr die Innovationskraft der Games Industry: Man stelle sich einmal vor, ein ‚halbfertiges Smartphone' würde dem User zur Verfügung gestellt werden und dafür auch noch Kosten berechnet werden. Wohlwollender kann das Early-Access-Modell von Steam aber auch mit der Marketingtechnik der Musikindustrie einer Singleauskopplung verglichen werden.

Early-Access-Modelle funktionieren in der Regel nur in der Software-Industrie. Eine Zielgruppe muss schon sehr ‚nerdig' sein, um ein ‚halbfertiges Produkt' zu akzeptieren und auch noch dafür zu bezahlen.

> **Lootbox**
> Eine Lootbox, die synonym auch als Loot Crate, Prize Crate oder Beutebox bezeichnet wird, ist eine virtuelle Kiste, die In-Game Items enthält. Diese können im Spiel freigeschaltet, gefunden oder gekauft werden. Der Kauf kann dabei entweder durch eine Videogame Currency oder durch Echtgeld erfolgen. Der Begriff setzt sich zusammen aus dem angelsächsischen Begriff für Beute (loot) und Kiste (box).

Das Lootbox-Modell ist eine Weiterentwicklung der Vermarktung von DLC (downloadable content). Entwickler und Publisher bieten für zahlende Kunden In-Game-Inhalte an, welche das Spielerlebnis erweitern sollen. Diese Inhalte lassen sich in aufbrauchbare Gegenstände und nicht aufbrauchbare Gegenstände differenzieren (Apple 2019).

Zu den nicht aufbrauchbaren Inhalten gehören dekorative Elemente, wie zum Beispiel Anpassungen von Charakteren und/oder In-Game-Einheiten, Avatar-Bilder für das Spielerprofil, Skins für Waffen, spezielle Flaggen und Wappen und vergleichbare Elemente. Dekorative Elemente haben in der Regel keinen direkten Einfluss auf das Spiel. Diese weichen vom Standard-Erscheinungsbild ab, zum Beispiel in Form oder Farbe (vgl. F2P). In vielen Spielen können Gamer diese dekorativen Elemente über die jeweiligen Onlineshops der Videospiele entweder einzeln erwerben oder über „Lootboxen" erhalten. Zudem gibt es in einigen Videospielen einen Zweitmarkt für dekorative Elemente. Auf der Plattform Steam des Unternehmens Valve können Gamer Skins für

Counter-Strike: Global Offensive kaufen und verkaufen. So wurde öffentlich bekannt, dass ein Waffenskin für 61.000 US$ verkauft wurde.

„Lootboxen" sind virtuelle Kisten, in denen eine Sammlung von dekorativen Elementen enthalten ist. Der Name setzt sich aus den Wörtern „loot", welches in Videospielen als Beutegegenstand definiert ist, und „box" für Kiste zusammen. Gamer kennen bei Erwerb den Inhalt der „Lootbox" nicht (vgl. Otte 2019, S. 21).

Die Lootbox-Monetarisierung dokumentiert einmal mehr den Erfindungsreichtum und die Innovationskraft der Games Industry. In-Game Items während des Gameplays zu verkaufen ist heute gängige Praxis und entwickelte sich parallel zur Free-to-Play-Monetarisierung zur Marktreife.

Lootboxen finden sich sowohl in Free-to-Play- als auch Pay-To-Play-Computerspielen. Lootboxen werden von Gamern nicht immer uneingeschränkt akzeptiert, insbesondere dann, wenn unklar ist, welche In-Game Items erworben werden können. Auf dem Höhepunkt der Lootbox-Diskussion entschied sich Electronic Arts, für das Topselling-Videogame Star Wars Battlefront 2 den In-Game-Verkauf für Lootboxen zu stoppen (Scholz 2018).

Die Lootbox-Monetarisierung ist auch politisch nicht unumstritten. Kritiker vergleichen sie mit einem Glücksspiel – eine gemäßigtere und realistischere Sichtweise führt eher zu Vergleichen mit Überraschungseiern, Wundertüten, (Panini-)Sammelbildern und Rubbellosen.

Die Lootbox-Monetarisierung und der zu erwartende Gewinn (projected profit) lassen sich anhand einer Formel berechnen. Die Anzahl der verkauften Lootboxen (Q) eines Games ist eine Funktion aus P (Preis), n (Anzahl der In-Game Items), q (Qualität) und a (Attraktivität). Berücksichtigt man weiterhin den Rückgang der In-Game Purchases im Produktlebenszyklus (drop rate), lässt sich der prognostizierte Gewinn (projected profit) berechnen.

Abb. 3.9 verdeutlicht die betriebswirtschaftliche Perspektive zwischen der Lootbox-Monetarisierung (Loot Box Monetization) und Gewinn (Profit).

# 3 Monetarisierung von Computerspielen: Vom Algorithmus zur KI

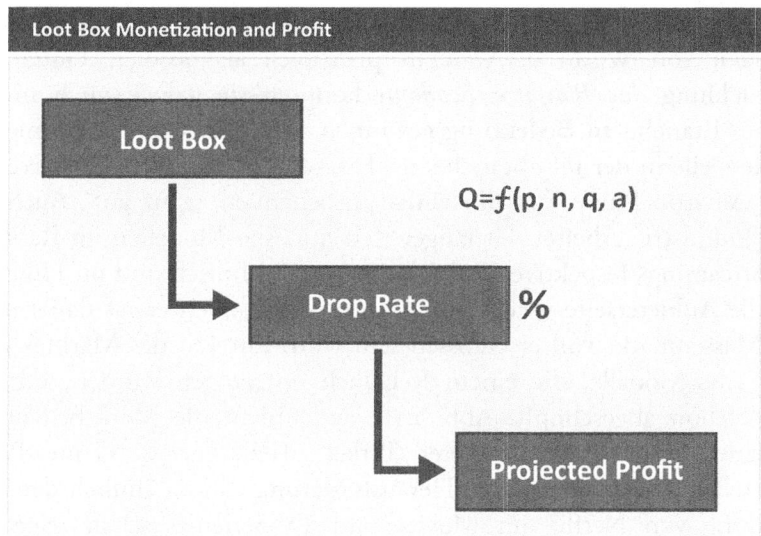

**Abb. 3.9** Loot Box Monetization und Profit

**Abo-Modelle (Subscription Based Monetization)**
Abo-Modelle (Abonnement-Modelle) werden teilweise synonym auch als Games-as-a-Service (GaaS) bezeichnet. Der Begriff, wurde aus der B2B Software Vermarktung übernommen.

Die Monetarisierungsmodelle Abonnement Services, Games-as-a-service und Cloud Gaming lassen sich nicht immer trennscharf differenzieren.

Das Monetarisierungsmodell Abonnements beschreibt für Gamer ein begrenztes Nutzungsrecht des Videospiels. Dabei spielt es keine Rolle, ob das Videospiel als „Kauf als Datenträger" oder als „Kauf als Download" erworben wurde. Gamer entrichten Entgelte in einer gewissen Höhe, um in einen definierten Zeitraum ein Videospiel spielen zu können. Wenn dieser festgelegte Zeitraum abgelaufen ist, wird das Nutzungsrecht des Videospiels widerrufen. Gamer müssen das Abonnement neu erwerben oder vor Ablauf rechtzeitig verlängern, damit sie das Videospiel weiterhin spielen können (Otte 2019, S. 16).

Bei den sogenannten Abo-Services kann durch den Abschluss einer Subskription auf ein Games-Portfolio verschiedener Developer und Publisher für eine bestimmte Zeit zugegriffen werden.

Diese Form der Monetarisierung erfährt nicht zuletzt durch Google Stadia eine neue Dimension.

Abo-Modelle galten in der Games Industry nach den jahrelangen Erfolgen von World of Warcraft prinzipiell als obsolet. Durch die Entwicklung der *Platform Economy* konnten sie jedoch auch in der Games-Branche an Bedeutung gewinnen. Abo-Modelle ‚funktionieren' mittlerweile in der Filmbranche, im Home Entertainment, über Netflix oder Amazon Prime, um nur einige zu benennen, ‚ganz gut'. Auch die Musikindustrie arbeitet seit langer Zeit mit Abo-Modellen im Rahmen des Streamings respektive Cloud-Lösungen. Technisch und im Hinblick auf die Anbieterseite wird es im Games-Markt noch etwas dauern, bis der Massenmarkt voll erschlossen sein wird. Ein Teil des Marktes wird über Abo-Modelle, die einem Relaunch unterzogen wurden, mittlerweile schon abgeschöpft. Abb. 3.10 verdeutlicht die Marktbedeutung einzelner, ausgewählter Anbieter (Birkel 2019). Für die Games-Branche stellen Abo-Modelle eine Herausforderung dar, da ähnlich der Entwicklung von Netflix im Movie- und TV-Serien-Geschäft ‚gelernte' Vermarktungsmodelle obsolet werden.

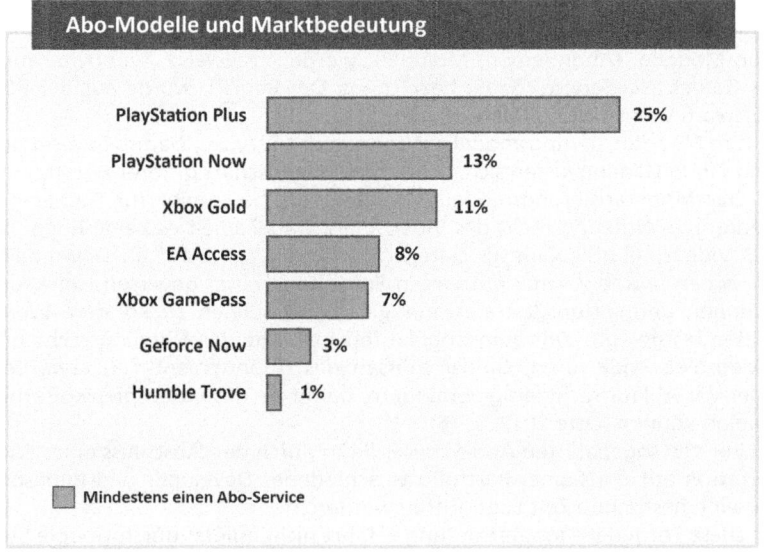

**Abb. 3.10** Abo-Modelle und Marktbedeutung ausgewählter Anbieter

Zum Spielen benötigen Kunden das Basisspiel. Dieses kann entweder kostenlos aus dem Internet *downgeloadet* werden oder muss vorher physisch oder digital erworben werden. Somit kann das Monetarisierungsmodell der Abonnements als Hybridmodell evaluiert werden, bestehend aus physikalischen oder digitalen Verkäufen der Basisspiele mit dem zusätzlichen Erwerb eines Nutzungsrechts, welches durch einen definierten Zeitraum begrenzt wird. Die Nutzungsrechte der Gamer werden an ein Benutzerkonto gebunden. Dies dient zur Autorisierung der Benutzer und verhindert Missbrauch.

Neben dem klassischen Abo-Modell arbeitet die Games Industry mittlerweile auch mit sogenannten Abonnement Services, für welche sich die Terminologie Netflix-ication anbietet. Hierunter versteht man ein Monetarisierungsmodell, bei dem Abonnenten für einen definierten Zeitraum vollständigen Zugriff auf eine Bibliothek von ausgewählten Games erhalten. Diese Games werden digital als Download angeboten und durch eine digitale Rechtevergabe (DRM) geschützt. Dazu wird, analog zu dem Netflix-Monetarisierungsmodell, ein Benutzerkonto erstellt, welches zur Authentifizierung einerseits und zur Datenauswertung des Nutzerverhaltens andererseits dient. Das Angebot des Abonnement Service kann im Hinblick auf den Zeitraum variieren. Zudem bieten einige Hersteller an, Neuveröffentlichungen zu erwerben – entsprechend dem Amazon-Prime-Monetarisierungsmodell. Für den Gamer bietet sich der Vorteil, dass sie diese Videospiele auch außerhalb des Abonnement Services nutzen können. Oft werden bereits in der Vergangenheit veröffentlichte Videospiele in Spiele-Abonnement-Services angeboten (Backkatalog-Vermarktung). Um den Customer Lifetime Value (CLTV) zu erhöhen, werden Game Features und Rabattaktionen für Abonnenten dieser Services angeboten. Dadurch wird das Spielerlebnis verbessert und eine möglichst langfristige Kundenbindung an einen Abonnement Service realisiert. Allerdings besteht eine ‚Plattformbindung' bei Abonnement Services. Für Gamer, die beispielsweise ausschließlich eine Playstation besitzen, macht es wenig Sinn, ein Xbox-Game-Pass-Abonnement abzuschließen, da dieses ausschließlich mit einer Xbox-Konsole funktioniert. Die Preise für Abonnement Services unterscheiden sich nach Plattformverfügbarkeit und Umfang. Sony vermarktet Playstation Plus für 60 EUR über den Playstation Store und bietet Gamern eine zwölfmonatige Mitgliedschaft an. Dafür können Gamer über das Playstation Network miteinander oder gegeneinander spielen und erhalten jeden Monat zwei kostenlose Playstation-4-Spiele. Zudem erhalten Mitglieder regelmäßige Rabattangebote aus dem Playstation Store und bekommen die Möglichkeit, ihre Spielfortschritte mit der Playstation Cloud zu synchronisieren, um einen möglichen Datenverlust zu vermeiden (PlayStation Store 2019).

Nintendo verfolgt mit Nintendo Online einen minimalistischeren Ansatz im Vergleich zu Sony. (Nintendo eShop 2019)

Das Jahresabonnement wird mit 20 EUR über den Nintendo eShop vermarktet und erlaubt es Abonnenten, miteinander oder gegeneinander online zu spielen sowie ihre Spielstände zu speichern und mit der Nintendo Cloud zu synchronisieren. Exklusive Angebote erhalten sie ebenfalls. Allerdings werden Abonnenten keine kostenlosen, monatlichen Videospiele angeboten. Sie erhalten Zugriff auf eine Auswahl an Retro-Videospielen, welche in der Vergangenheit auf den Konsolen Nintendo Entertainment System und Super Nintendo Entertainment System veröffentlicht wurden. (Otte 2019, S. 30 ff.)

Dieses Monetarisierungsmodell wird hauptsächlich bei „Massively multiplayer online games" (MMOG, MMO) angewendet. MMOs verwenden eine Client-Server-Systemarchitektur. Der Client wird von dem Gamer auf dem heimischen Betriebssystem installiert und verbindet sich über eine hergestellte Internetverbindung mit der entsprechenden Serverinfrastruktur des Spieleanbieters. Dieser überträgt die Spielinhalte an den Client des Kunden. Über ein Benutzerkonto wird der Zugriff geregelt. Besitzt der Kunde ein gültiges Abonnement, erhält er nach erfolgreichem Log-in Zugriff auf das Videospiel. Ist das Abonnement abgelaufen, kann der Kunde das Videospiel nicht spielen und erhält Informationen zur Abonnementverlängerung.

Das Videospiel „World of Warcraft (WoW)" wurde vom US-amerikanischen Spieleentwickler Blizzard Entertainment entwickelt und vom Publisher Activision Blizzard Inc. vermarket. Es erschien 2004 in Nordamerika und 2005 in Europa und gilt als erfolgreichstes Videospiel mit dem Monetarisierungsmodell des Abonnements. Die Spielerzahlen von

WoW lagen im Q4 2010 bei 12 Mio. Abonnenten. Diese verringerten sich über die Jahre stetig, bis WoW im Q2 2015 nur noch 5,5 Mio. Abonnenten hatte (Statista Research Department 2008–2015). Die Kosten für ein Abonnement unterscheiden sich je nach Zeitraumdauer. Ein Monatsabonnement kostet Spieler 12,99 EUR. Für drei Monate werden Spielern 35,97 EUR und für sechs Monate 65,94 EUR berechnet (EU.Shop.Battle 2019).

Zusätzlich vermarkt Blizzard Entertainment weitere In-Game-Inhalte wie Reittiere, Haustiere und Dienste als Mikrotransaktionen (siehe Abschn. 3.4). Aufgrund der Kombination an Faktoren bestehend aus Initialkosten für das Basisspiel, monatlichen Abonnementkosten und den hohen Produktionskosten eines „AAA-Titels" ist es nur wenigen Spielen gelungen, an den Erfolg von WoW anzuknüpfen, die als einziges Unternehmen dieses Monetarisierungsmodell erfolgreich verwenden (Otte 2019, S. 17).

Die Vermarktung von Abo-Modellen ist nicht mehr „State of the art". In der Vergangenheit mussten zahlreiche Anbieter von Qualitäts-MMOs das Abo-Modell aufgeben und neue Vermarktungsmöglichkeiten erschließen. Beispiele hierfür sind die Publisher Bethesda und Electronic Arts mit ihren Videospielen „The Elder Scrolls Online: Tamriel Unlimited" und „Star Wars: The Old Republic" (Anderie L. 2016, S. 156 f.).

> **Cloud Gaming**
> Cloud Gaming ist eine Teildisziplin des *Cloud Computings*. Prinzipiell handelt es sich um eine Streaming-Technologie, die definitorische Abgrenzung zu den Abo-Modellen ist jedoch nicht immer trennscharf. Teilweise wird Cloud Gaming auch synonym als Games-as-a-Service (GaaS) bezeichnet oder als ‚Netflix' für Videospiele. Beim Cloud Gaming wird das Game auf einem externen Server gespielt, welcher die Nutzereingaben über das Internet des Gamers empfängt, im Gegenzug wird das Ton- oder Videosignal an den Client des Computers des Gamers gesendet. Dadurch wird die Leistung des Computers kaum belastet. Dies geschieht mit sehr hoher Geschwindigkeit, ohne dass der Spieler eine Verzögerung im Gameplay feststellt. Google Stadia ist eine sogenannte Cloud-Gaming-Lösung.

Wesentliche Grundlage für den Erfolg des Monetarisierungsmodells Cloud Gaming ist der Vorteil für den User, dass die IT-Infrastrukturen über das Internet zur Verfügung gestellt werden.

Die IT-Infrastrukturen befinden sich physikalisch global in mehreren Rechenzentren und übernehmen die Rechen- sowie Grafikleistungen von Videospielen. Gamer benötigen für Videospiele keine leistungsstarken Konsolen oder Computer mehr. Anstatt ein Videospiel lokal zu installieren, installieren sie eine Software auf einem Endgerät und stellen über das Internet eine Verbindung zur Cloud-Gaming-Infrastruktur des Anbieters her. Der Server komprimiert Audio- und Videodateien und schickt sie an den Client, welcher die erhaltenen Dateien dekomprimiert und verarbeitet. Eingaben über Controller oder Maus und Tastatur werden vom Client an den Server übertragen und verarbeitet. Für ein gutes Spielerlebnis sind geringe Latenzzeiten bei den Übertragungen zwischen Server und Client von enormer Bedeutung. Sind diese Latenzzeiten zu hoch, entsteht ein sogenannter „Input lag", welcher das Spielerlebnis negativ beeinträchtigen kann (Otte 2019, S. 28).

Cloud Gaming aus der Perspektive der Monetarisierung wird synonym auch als Games-as-a-Service (GaaS) bezeichnet. Games-as-a-Service beschreibt ein Umsatzmodell, bei dem ein Game kontinuierlich aktualisiert wird, beispielsweise mit neuen Charakteren oder Levels. Dabei wird das Game vom Development Studio beziehungsweise Publisher nicht als einmal verkauftes Konsumgut behandelt, sondern als Plattform. Diese Plattform wird während des Produktlebenszyklus weiterentwickelt, gepflegt und unterstützt. Ziel des Monetarisierungsmodells ist es, die Kundenbindung und den damit einhergehenden CLTV (customer lifetime value) zu steigern. Zudem soll die User Experience (UX) für den Gamer durch neue Inhalte erhöht werden. Eine eindeutige definitorische Abgrenzung des relativ jungen Monetarisierungsmodells ist in Theorie und Praxis noch nicht abschließend erfolgt. Cloud Gaming wird regelmäßig operativ durch die bereits erläuterten Marketingtools realisiert:

- Downloadable Content und Season Pass
- Abonnements und Abonnement Services

Die zu erwartende zunehmende Bedeutung des Cloud Gaming kann den Abo-Modellen zu einer neuen Dynamik verhelfen. Wie schnell dies in Deutschland zu weiterer Marktbedeutung führen wird, steht in direkter Abhängigkeit zum Ausbau der digitalen Infrastruktur.

## 3.3 Topseller und Monetarisierung

Der Themenkomplex Topseller und Monetarisierung wirft aus akademischer Sicht die Frage auf, welche Anforderungen ein Computerspiel erfüllen muss, um als Topseller klassifiziert zu werden.

In der unternehmerischen Praxis ist diese Frage relativ einfach zu beantworten: Die Absatz- und Umsatz-Ergebnisse einer Periode werden in eine Rangreihe gebracht und beispielsweise als Top 10, Top 20, Top 50 oder Top 100 in sogenannten Charts dokumentiert. In vielen Bereichen der Konsumgüterindustrie ist diese gängige Praxis und die Ergebnisse werden entweder veröffentlicht oder einem geschlossenen Nutzerkreis zur Verfügung gestellt. So auch in der Games-Branche, die Topseller-Listen nach Absatz (verkaufte Einheiten innerhalb einer Periode) kostenlos veröffentlicht, die tatsächlichen Stückzahlen und erwirtschafteten Umsätze jedoch nur einem geschlossenen Nutzerkreis (gegen Honorar) zur Verfügung stellt. In Deutschland werden diese Daten für Games Industry federführend von der GFK und App Annie erhoben (Hamdorf 2013–2019).

Mit dem zunehmenden Erfolg von Free-to-Play Games und der signifikant zunehmenden Bedeutung von In-Game Items, die ausschließlich digital vertrieben werden, lassen sich diese Daten jedoch ungleich schwerer erheben und klassifizieren. Fortnite beispielsweise, eines der erfolgreichsten Computerspiele und somit zweifelsohne ein Topseller, wird von dem Unternehmen Epic vermarktet, das keinen Veröffentlichungspflichten im Hinblick auf Absatz und Umsatz unterliegt.

Eine Anfrage bei Thorsten Hamdorf, Leiter Marketing, Marktforschung, Services, beim game – Verband der deutschen Games-Branche e. V. – bestätigt den Sachverhalt: Es gibt kein Marktforschungsinstitut, das regelmäßig Absatz- und Umsatzzahlen digital vertriebener Topseller unentgeltlich veröffentlicht. Weiterhin empfiehlt Hamdorf als Grundlage die MAUs (Monthly Active User), die Gametime (die Zeit, die ein Spieler ein Game spielt) als Grundlage zur Klassifizierung und Evaluation von Computerspiel-Topsellern heranzuziehen.

Ein Web Research von Maximilian Otte, der an der Frankfurt University of Applied Sciences zu dem Themenkomplex ‚Monetarisierungsmodelle in der Games-Branche und deren Einfluss auf den E-Commerce' forscht, ergab, dass die aktuellsten Daten (Stand September 2019) von Superdata veröffentlicht wurden (Worldwide Digital Games Market 2019).

Superdata, eine Tochtergesellschaft des Marktforschungsinstituts Nielsen, schätzt *(estimates)* die Rangreihe von Topselling Videogames, die in Tab. 3.1 dargelegt werden, folgendermaßen ein:

Games können nur dann wirtschaftlich erfolgreich sein, wenn sie erfolgreich ‚monetarisiert' werden.

Die Autoren Wells und Chiang erläutern in ihrem Fachbuch ‚Monetizing your data – A guide to turning data into profit-driving

**Tab. 3.1** Top Grossing Titles by Category nach Superdata, Worldwide, ranked by July 2019 earnings

| | PC | CONSOLE | MOBILE |
|---|---|---|---|
| 1 | Dungeon Fighter Online | Grand Theft Auto V | Honour of Kings |
| 2 | League of Legends | Call of Duty: Black Ops IIII | Pokémon GO |
| 3 | Fantasy Westward Journey Online II | Fire Emblem: Three Houses | Candy Crush Saga |
| 4 | Crossfire | Fortnite | Fate/Grand Order |
| 5 | Fortnite | FIFA 19 | Last Shelter: Survival |
| 6 | World of Tanks | Super Mario Maker 2 | Monster Strike |
| 7 | World of Warcraft West | NBA 2K19 | Clash of Clans |
| 8 | DOTA 2 | Apex Legends | Homescapes |
| 9 | PlayerUnknown's Battlegrounds | Madden NFL 20 | Clash Royale |
| 10 | Roblox | Tom Clancy's Rainbow Six: Siege | Mafia City |

strategies and solutions' (Chiang und Wells 2017), dass die meisten Unternehmen ‚auf einem Berg von Daten sitzen', die im Web, am POS, durch Enterprise Resource Planning (ERP) oder andere Quellen erhoben wurden. Über *Agile Analytics, Success Metrics, Monetization Strategies, Frameworks Decision Analysis, Decision Matrix, Confidence Factors, Choice Architectures, Cognitive Bias, Trends, Forecasting, Cluster Analysis* und *Velocity* zeigen sie eine Vielzahl von Methoden und Perspektiven auf, welche aus Daten ‚Diamanten und Gold' machen. Um diese ‚Datendiamanten' erfolgreich zu monetarisieren, erfordert dies – neben einem grundlegenden Verständnis von statistischen Methoden und Coding – betriebswirtschaftliches und volkswirtschaftliches Know-how. Einen erfolgreichen Algorithmus zur Monetarisierung von In-Game Items zu schreiben erfordert Sales & Marketing-Kenntnisse (Teildisziplinen der BWL) sowie ein Verständnis für Geldpolitik und Währungsmanagement (Teildisziplinen der VWL).

Deshalb verfügt jedes Computerspiel über ein ‚öknomisches System' – auch wenn diese vordergründig nichts mit Geld zu tun haben. In Sportspielen mag dieses ökonomische System in erspielten Punkten gemessen werden oder durch Spielerstatistiken. In Fighting Games wird das ökonomische System in Form von *damage, speed and health* gemessen. Game Designer balancen so das Game, damit es fair ist und Spaß macht. Diese ‚In-Game-Ökonomie' ist im Game Design innerhalb der sogenannten Belohnungssysteme ‚*reward structures*' verortet. Kupfer, Silber oder Gold durch jedes besiegte Monster in World of Warcraft zu verdienen ist integrierter Bestandteil des Game Design und vieler anderer RPGs. Die meisten Spiele ‚belohnen' den Gamer mit einer Währung (Currency) für jede Aktivität, die sie innerhalb des Spiels unternehmen. Die Belohnungsmechanik ist Bestandteil einer ‚Zwangsschleife' (core compulsion loop) und so erklärt es sich, dass Münzen und Sterne bei jedem Maus- oder Controller-Click verdient werden können (Fields 2014).

Mit der Einführung von Microtransactions in Computerspielen, die für den Verkauf von In-Game Items essenziell sind, wurde es notwendig, die ‚In-Game-Ökonomie' zu modifizieren: Eine weitere Währung wurde eingeführt – mit einer Verbindung zu ‚realem Geld'. Dieses ‚*dual currency system*' hat sich heute nachhaltig durchgesetzt.

‚Dual currency models' unterteilen sich in ‚soft currencies', ‚in-game awards', die nur innerhalb eines Games von Bedeutung sind und keinen Bezug zum Wert in der ‚realen Welt' haben. Weiterhin in die ‚hard currencies', welche einen Bezug zu ‚realem Geld' bilden.

Der Umrechnungskurs von ‚hard currencies' wird vom Entwickler/Publisher festgelegt. In diesem Zusammenhang sei darauf verwiesen, dass es sich beim Währungs- und Wechselkursmanagement um eine der komplexesten makroökonomischen Aufgabenstellungen handelt, an der Institutionen wie die EZB (Euro) und Fed (USD) regelmäßig zu scheitern drohen. Wenn es Monetarisierungsmanagern der Games Industry gelingt, Währungs- und Wechselkursmanagement in dem Ökosystem eines Games wirtschaftlich erfolgreich zu gestalten, gilt es dieser Meisterleistung ‚höchsten Tribut zu zollen'.

Exemplarisch kann an dieser Stelle das Game Grand Theft Auto (GTA) des Publishers Rockstar Games angeführt werden, bei dem Gebäude, Autos, Boote und vieles mehr in einer In-Game-Währung erworben werden können. Dafür müssen Gamer diverse Aufgaben (Quests) bewältigen, bevor sie In-Game-Währung erhalten. Diese In-Game-Währung kann auch durch Echtgeld erworben werden. 8 Mio. GTA-Dollar kosten auf der Onlineplattform Steam ca. 75 EUR (Steam 2019). Diese In-Game-Währungen sind Inhalte aus aufbrauchbaren Gegenständen. Dazu zählen unter anderem auch Beschleuniger für Erfahrungspunkte oder zusätzliche Lebenspunkte in Videospielen.

Im Genre der MMOs versuchen Spieler, einen Charakter auf ein höheres Gameplay Level zu bringen. Sie besiegen Ungeheuer oder andere Spieler und lösen Aufgaben, damit ihr Charakter neue Fähigkeiten erlernt, bessere Rüstungen tragen kann und im Verhältnis immer stärker wird. Im Genre der „Multiplayer Online Battle Arena" (MOBA) treten zwei Teams auf einer arenaartig aufgebauten Karte gegeneinander an und versuchen, die gegnerische Basis zu zerstören. Dabei steuert jeder Spieler einen einzigartigen Helden und versucht, sein Team zu unterstützen. Wenn Gamer das Spiel mit Ziel einer guten Platzierung auf einer Online-Rangliste spielen möchten, müssen sie zunächst ein vordefiniertes Level erreichen. Dadurch wird dokumentiert, dass sie mit den Spielmechaniken des Games vertraut sind und gelernt haben, diese anzuwenden. Diese Verfahren aus MMOs und MOBAs sind in der Regel sehr zeitintensiv und können über sogenannte ‚EXP-Boosts' beschleunigt werden. Dabei offerieren Publisher über Mikrotransaktionen ihren Kunden einen Inhalt, der die Spielzeit (Game time) erheblich verkürzt. Dadurch können Gamer Wartezeiten verkürzen und sich Vorteile gegenüber anderen nicht zahlenden Spielern im Videospiel verschaffen. Das Videospiel ‚Fortnite' hat eine Bündelung von aufbrauchbaren und nicht aufbrauchbaren Gegenständen unter dem Namen ‚Battle Pass' implementiert. Der ‚Battle Pass' kann über die In-Game-Währung ‚V-Bucks' oder Echtgeld als Mikrotransaktion erworben werden. Gamer zahlen hierfür 950 V-Bucks oder knapp 10 EUR und erhalten Quests, die sie im Spiel in einem vordefinierten Zeitraum (Season) lösen müssen. Als Belohnungen erhalten sie zeitlich exklusive dekorative Elemente im Spiel. Wenn alle Aufgaben gemeistert wurden oder der zeitlich definierte Zeitraum abgelaufen ist, wird der ‚Battle Pass' entwertet. Der ‚Battle Pass' stellt in diesem Beispiel den aufbrauchbaren Gegenstand dar. Zu jeder neuen Season veröffentlicht EPIC Games einen neuen ‚Battle Pass' (Epicgames Season 2019).

Auch andere Dev Studios und Developer vermarkten ihre DLCs gebündelt als Season Pass. Der Season Pass muss von Usern zusätzlich zum eigentlichen Spiel erworben werden und kann nach Erwerb ‚heruntergeladen' werden. Der Preis für einen Season Pass liegt bei durchschnittlich 30 EUR. Damit erhalten Gamer Zugriff auf zukünftig erscheinende Zusatzinhalte zu einem Videospiel. Die Konditionen eines Season Pass unterscheiden sich nach Produkt und Anbieter.

*Im Hinblick auf die Distribution und Vermarktung von Konsolenspielen wird zwischen den Konsolenherstellern (Platform Holders) sowie direkter Distribution und Drittanbietern (3rd-party developers) unterschieden. Sony vermarktet Games online über das Playstation Network. Der Playstation Store ist Teil des Playstation Networks, über welches Sony downloadable Games und Inhalte für Videospiele für die stationären Konsolen Playstation 3 und 4 sowie für die mobilen Spielekonsolen Playstation Portable und Playstation Vita anbietet. Sony betreibt die direkte Distribution von Videospielen der ‚1st-party developers' über den Playstation Store. Gleichzeitig dient der Playstation Store als Distributionsplattform für Spiele von 3rd-party developers. Der Publisher 2 K veröffentlichte am 13.09.2019 das Videospiel Borderlands 2019a. Sony ist für das Lizenzmanagement sowie* für den Bestell- und Zahlungsprozess der angebotenen Produkte verantwortlich. ‚3rd-party developers' und Publisher, die ihre Videospiele und Inhalte im Playstation Store vermarkten möchten, entrichten an Sony einen prozentualen Anteil ihres Umsatzes als Lizenzgebühr. Dieses Businessmodell ist vergleichbar mit Steam oder dem Epic Games Store.

Nintendo vermarktet Videospiele online über den Nintendo eShop. Dieser bietet Gamern downloadable Games und erweiternde Inhalte für die stationären Konsolen Wii U und Switch sowie für die mobilen Spielekonsolen 3DS und 2DS an. Nintendo betreibt die direkte Distribution von Videospielen. Gleichzeitig fungiert der Nintendo eShop als Distributionsplattform für Drittanbieter, vergleichbar mit dem Playstation Store von Sony.

Microsoft vermarktet Videospiele online über den Microsoft Store. Dieser bietet Spielern ebenfalls herunterladbare Videospiele und erweiternde Inhalte für die stationären Konsolen Xbox One X und Xbox One S. Microsoft betreibt auch die direkte Distribution von Videospielen und ist auch Distributionsplattform für 3rd-parties – vergleichbar mit dem Playstation Store und dem eShop von Nintendo (Otte 2019, S. 13).

## 3.4 Indies und Majors: Monetarisierung und Ressourcen

Für Indies, unabhängige Game Developer, gestaltet sich der nachhaltige Markteintritt nicht immer einfach. Der Games-Markt hat zwar geringe Markteintrittsbarrieren, doch die benötigen Ressourcen und das Knowhow, um am Markt nachhaltig zu bestehen, sind nicht zu unterschätzen. Das Publishing im Selbstverlag *(selfpublishing)* ist zwar auf zahlreichen Plattformen möglich, regelmäßig fehlen jedoch die Marketingbudgets, um *Awareness* für die Games zu generieren. Mit der zunehmenden Bedeutung der Monetarisierung von Free-to-Play Games durch In-Game Items werden Indies vor eine besondere Herausforderung gestellt: Es gilt nicht nur, ein für Gamer attraktives Computerspiel zu entwickeln, sondern auch eine KI, welche die Monetarisierung sicherstellt. Natürlich ist es möglich, mit selbstentwickelten Computeralgorithmen zu improvisieren, ob diese jedoch zu einem nachhaltigen wirtschaftlichen Erfolg führen, gilt es zu beweisen. Nach dem ‚Abebben' der letzten ‚Free-to-Play-Welle' mussten zahlreiche Indies Mitarbeiter entlassen (Bigpoint, Goodgames) (Zelada 2016).

Auch für Majors, Game Developer, die entweder einem großen Publisher gehören oder einen Publishervertrag mit einem Major unterschrieben haben, ist es nicht einfach, mit den Free-to-Play-KI-Entwicklungen in der Monetarisierung ‚Schritt zu halten'. Allerdings verfügen Majors über andere Ressourcen. Als Nintendo sein erstes Free-to-Play Game Pokémon Go (Juli 2016) veröffentlichte, konnte der Major natürlich auf professionelle, kapitalstarke Ressourcen zugreifen, die einem Indie-Studio nicht zur Verfügung stehen. Auch wenn Electronic Arts für seine Lootbox-Monetarisierung in Star Wars Battlefront 2 einen Shitstorm erfuhr, ist es einfach nachzuvollziehen, dass die Ressourcen zur Entwicklung des dafür genutzten KI-Modells höchst umfangreich und professionell waren.

Einer der wesentlichen Vorteile für Indies, im Vergleich zu zahlreichen Majors, ist es, dass sie bewusst oder intuitiv mit agilen Managementmethoden vertraut sind. Dies erklärt sich im Wesentlichen durch limitierte Ressourcen, die insbesondere durch die Start-up-Szene geprägt werden. Während auch die Majors in der Produktentwicklung regelmäßig *agile* arbeiten, durchlaufen andere Unternehmensbereiche häufig digitale Transformationen (Perkin und Abraham 2017, S. 132 f.).

Möglicherweise werden jedoch auch für Indies in absehbarer Zeit professionelle KI-Systeme kostengünstig oder kostenlos zur Verfügung stehen. Unity, eine Game Engine, die von Indies regelmäßig für die Entwicklung von Games genutzt wird, veröffentlichte im Oktober 2018 seinen Unity Monetization Kit SDK 3.0 (Software Development Kit 3.0), der die Monetarisierung von In-Game Items und den CLTV *(customer lifetime value)* optimieren helfen kann. Das AI-Team von Unity arbeitet kontinuierlich an der Weiterentwicklung seiner SDKs und kommentiert diese in seinem Blog („www.blogs.unity3d.com").

Es gibt eine Vielzahl an Monetarisierungsmodellen für Computerspiele und diverse Gliederungsansätze. An der Frankfurt University of Applied Sciences wird auch diesbezüglich geforscht und nach dem aktuellen Forschungsstand scheint es sinnvoll, zwischen direkter *(direct)* und indirekter *(indirect)* Monetarisierung *(monetization)* zu differenzieren.

Als direkte Monetarisierung können alle Modelle klassifiziert werden, die einen direkten Umsatz *(revenue stream)* durch den Verkauf von Spielen oder In-Game Items generieren. Als indirekte Modelle können jene eingestuft werden, bei welchen kein direkter Umsatz durch den Verkauf von Spielen oder In-Game Items generiert wird. Lootboxen können hierbei als hybrides Monetarisierungsmodell eingestuft werden, da diese in Computerspielen regelmäßig freigespielt werden können, gleichermaßen aber auch als In-Game Items käuflich erworben werden. Abb. 3.11 verdeutlicht die Klassifizierungen. Lootboxen wurden aus Gründen der Übersichtlichkeit der Darstellung als *indirect monetization* verortet.

| Direct and Indirect Monetization | |
| --- | --- |
| Direct | Indirect |
| Retail Purchase | Free 2 Play |
| In-Game-Microtransactions | Cryptocurrencies |
| Digital Downloads | Loot Box |
| Streaming | In-Game-Advertising |
| Subscription | Crowdfunding |
| Other | Other |

**Abb. 3.11** Direct and Indirect Monetization

**Retail Purchase** Der Verkauf von Computerspielen im stationären Handel ist die traditionellste Form der Monetarisierung von Computerspielen.

**Free 2 Play (F2P/Free-to-Play)** war ursprünglich eine Irritation der Games Industry, bei der aufgrund geringer Markteintrittsbarrieren das wertvolle Wirtschaftsgut Game kostenlos zur Verfügung gestellt wird. Mittlerweile gibt es KI-Systeme, die diese Form der Monetarisierung perfektioniert haben.

**In-Game Microtransactions (In-Game Items: Fokus Payment)** In-Game Items können für wenige Cent in Computerspielen erworben werden. Die Terminologie erklärt sich aus der Zahlungs-(Payment-)Perspektive. Der Zusatz ‚Micro' ist mittlerweile irreführend, da auch In-Game Items mit beträchtlichem Wert verkauft werden.

**Crypto Currencies (Crypto Assets)** Durch den Bitcoin wurde ein Hype auf Crypto Currencies ausgelöst. In-Game Items sind nach dem aktuellen Forschungsstand Crypto Assets; ob sie als Kryptowährung (Crypto Currency) gelten können, gilt es zu erforschen.

**Digital Downloads (In-Game Items: Fokus Content)** Es handelt sich um Content, der das Spielerlebnis verbessert und digital aus dem Web geladen werden kann.

**Lootbox** Bei einer Lootbox (Beute-Box) erwirbt der User In-Game Items, ohne genau zu wissen, worum es sich handelt. Eine digitale Form einer Wundertüte, eines Überraschungseis oder von Pannini-Sammelbildern, die von der innovativen Games-Branche entwickelt wurde.

**Streaming** Die modernste Form der Distribution von Computerspielen. Das Spiel befindet sich in der Cloud, die Monetarisierung wird regelmäßig mit Abo-Modellen (Subscription) assoziiert (Netflix-ication der Games Industry).

**In-Game Advertising** Werbung in Computerspielen. Eine von fünf Monetarisierungsformen im E-Commerce (neben Subscription, Transaction Fees, Affiliate und Retail Purchase).

**Subscription** Monetarisierung durch Abonnement-Modelle. Relativ neu für die Games Industry – deshalb Adaption aus Musik, Film oder Mobilfunkbranche zu erwarten.

**Crowdfunding** Auch Schwarmfinanzierung genannt. Game-Projekte werden per Video vorgestellt und durch eine Fanbase finanziert. Die bekannteste Crowdfunding-Plattform ist Kickstarter.

Die Darstellung dokumentiert, dass es notwendig ist, tiefer gehende Klarheit im Hinblick auf die Begrifflichkeiten der Monetarisierung und deren Klassifizierung zu erlangen. Sicherlich eine komplexe Aufgabenstellung, die es angesichts der Dynamik der Games Industry zu bewältigen gilt, die vor dem Hintergrund der wirtschaftlichen Bedeutung jedoch unabdingbar ist.

Direkte und indirekte Monetarisierung werden auch durch das exponentielle Wachstum beschleunigt. Monetarisierungsmodelle, die jahre-, teilweise jahrzehntelang Bestand hatten, verzeichnen einen ‚beschleunigten Wandel' oder werden schlicht ersetzt. Durch die Einflussfaktoren Digitalisierung, die technischen Brancheninnovationen ist dieser Trend, überraschenderweise, auch bei der Monetarisierung von Games eingetreten. Peter Diamandis, ein führender Wissenschaftler, beschreibt exponentielles Wachstum folgendermaßen:

> Unlike the +1 progression of linear growth, wherein 1 becomes 2, becomes 3 becomes 4 and so forth, exponential growth is a compound doubling: 1 becomes 2 becomes 4 becomes 8 and so on. (…) If I take 30 large linear steps from my Santa Monica living room I end up 30 meters on the street. If, alternatively, I take 30 exponential steps from the same starting point, I end up a billion meters away, or orbiting the Earth 26 times. (Diamandis und Kotler 2016, S. 7)

Diamandis zeigt in seinem Buch ‚Bold – How to go big. Create wealth. And impact the world' (Diamandis und Kotler 2016, S. 7) auf, welche Entwicklungen durch die digitale Transformation, insbesondere durch KI, ermöglicht werden. Er erläutert das exponentielle Wachstum aus der Perspektive seines Wohnzimmers in Santa Monica, den Gartner Hype Cycle, welcher die Akzeptanz und Entwicklung von technologischen Neuerungen als Muster aufzeigt. Diamandis beschreibt den jährlich aktualisierten und veröffentlichten Gartner Hype Cycle des gleichnamigen IT-Marktforschungsinstituts mit Sitz in Connecticut, USA. Er führt aus, dass jede neue technische Innovation fünf Phasen durchläuft: (Diamandis und Kotler 2016, S. 26)

- Technology Trigger
- Peak of Inflated Expectations
- Trough of Disillusionment
- Slope of Enlightenment
- Plateau of Productivity

Dirk Müller führt aus, dass es für den Menschen schwirig ist, exponentielles Wachstum zu verstehen, denn wir sind nicht in der Lage, exponentiell zu denken, das menschliche Gehirn kann das nicht (Müller 2011).

Das Karussell der Monetarisierungsmodelle mit seinen Begrifflichkeiten wird sich durch die Innovationskraft der Games Industry weiterdrehen. Kaum ist die Aufregung um die Lootbox-Diskussion verebbt, ist schon das nächste innovative Monetarisierungsmodell in Sicht: Pay-as-you-go, ursprünglich eine Terminologie aus dem angelsächsischen Mobilfunkbereich, findet nun zunehmend Bedeutung im eSports (Hamdorf und Puppe 2019).

Weitere Klarheit und Struktur werden Forschungsergebnisse bringen, die in absehbarer Zeit veröffentlicht werden. Weitere Informationen unter www.anderie-management.com.

> **Ihr Transfer in die Praxis**
> Fragen, die man sich stellen sollte, bzw. Schritte, die man zwecks Umsetzung unternehmen sollte
>
> - Was muss ich heute tun, um morgen noch mit Computerspielen Geld zu verdienen?
> - Ist die Monetarisierung meiner Games noch State-of-the-Art?
> - Verstehe ich die Grundlagen der Künstlichen Intelligenz und was bedeutet diese für die Digitalisierung meines Unternehmens?
> - Welchen Stellenwert messe ich dem Machine Learning bei, wie allokiere ich Ressourcen?
> - Wie ist meine strategische und taktische Ausrichtung im Hinblick auf Free-to-Play Games?

# Literatur

Al-Khalili, J. (2018). *What the future looks like: Scientists predict the next great discoveries – and reveal how today's breakthroughs are already shaping our world.* EXPERIMENT. Abgerufen von: What the Future Looks Like: Scientists Predict the Next Great Discoveries–And Reveal How Today's Breakthroughs Are Already Shaping Our World.

Anderie, L. (2016). *Games industry management: Gründung, Strategie und Leadership – Theoretische Grundlagen* (1. Aufl.). Heidelberg: Springer Gabler.

Anderie, L. (2018a). *Gamification, Digitalisierung und Industrie 4.0* (1. Aufl.). Heidelberg: Springer.

Anderie, L. (2018b). YouTube – Games industry management/handelsblatt virtual reality legal. https://www.youtube.com/watch?v=K5dGWUi0w2M. Zugegriffen: 23. Sept. 2019.

Anders, I. (2019). *Quantenwirtschaft: Was kommt nach der Digitalisierung?* (3. Aufl.). Düsseldorf: Econ.

Apple. (2019). Zusätzliche App-Funktionen mit In-App-Käufen und -Abonnements. Apple.com https://support.apple.com/de-de/HT202023. Zugegriffen: 19. Sept. 2019.

Barr, T., & Bray, A. (2017). *Star Wars – Die illustrierte Enzyklopädie: Alle Filme und Serien.* München: Dorling Kindersley Verlag GmbH.

Bazinet, J., & Singlehurst, T. (2019). Video Games: Cloud Invaders. https://www.citivelocity.com/citigps/video-games-cloud-invaders/. Zugegriffen: 23. Sept. 2019.

Behrmann, M. (2017). *In der Innovationsfalle: Überlegungen zu einer zukunftsfähigen Innovationsförderung.* Stuttgart: ibidem.

Birkel, M. (2019). *Gamesmarkt* (2), 53.

Broussard, M. (2018). *Artificial Unintelligence – How Computers Misunderstand the World.* Cambridge: MIT Press.

Brynjolfsson, E., & McAfee, A. (2014). *The second machine age: Work, progress, and prosperity in a time of brilliant technologies.* New York: Norton & Company.

Brynjolfsson, E., & McAfee, A. (2017). *Machine, platform, crowd: Harnessing our digital future.* New York: Norton & Company.

Buxmann, P., & Schmidt, H. (2018). *Künstliche Intelligenz: Mit Algorithmen zum wirtschaftlichen Erfolg.* Berlin: Springer Gabler.

Chiang, K., & Wells, A. (2017). *Monetizing your data: A guide to turning data into profit-driving strategies and solutions* (1. Aufl.). Hoboken: Wiley.

Dhar, V. (2018). YouTube – When should we trust machines? https://www.youtube.com/watch?v=dO9D6l_THhk. Zugegriffen: 23. Sept. 2019.

Diamandis, P., & Kotler, S. (2016). *Bold: How to go big, create wealth and impact the world (Exponential technology series).* New York: Simon & Schuster Paperbacks.

EU.Shop.Battle. (2019). World of warecraft subscription – EU.Shop.Battle.net. https://eu.shop.battle.net/de-de/product/world-of-warcraft-subscription. Zugegriffen: 23. Sept. 2019.

Epicgames. (2019). https://www.epicgames.com/store/de/about?lang=de.

Epicgames Season. (2019). Epicgames Season. Abgerufen von: https://www.epicgames.com/fortnite/de/battle-pass/season-x.

Fields, T. (2014). *Mobile & social game design – Monetization methods and mechanics* (2. Aufl.). London: Routledge.

Gerrish, S. (2018). *How Smart machines think* (1. Aufl.). Cambridge: MIT Press.

Göbel, S. (2018). *Serious games: 4th joint international conference, JCSG 2018* (1. Aufl.). Darmstadt: Springer.

Google. (2019). Aufbruch Künstliche Intelligenz – Was sie bedeutet und wie sie unser Leben verändert. GS Lexikon. https://www.gruenderszene.de/lexikon/begriffe/monetarisierung. Zugegriffen: 23. Sept. 2019.

Hamdorf, T. (2013–2019). game Verband der deutschen Games-Branche. https://www.game.de/marktdaten/#Zahlen%20und%20Fakten. Zugegriffen: 23. Sept. 2019.
Hamdorf, T., & Puppe, M. (2019). game Verband der deutschen Games-Branche. https://www.game.de/publikationen/game-fokus-esports/. Zugegriffen: 23. Sept. 2019.
Hansen, H. R., Mendling, J., & Neumann, G. (2019). *Wirtschaftsinformatik*. United Kingdom: CPI books.
Hawking, S. (2018). *Brief answers to the big questions: The final book from Stephen Hawking*. London: John Murray.
Kaku, M. (2014). *The future of the mind: The scientific quest to understand, enhance, and empower the mind*. New York: Doubleday.
Laudon, K. C., & Laudon, J. P. (2009). *Wirtschaftsinformatik: Eine Einführung*. München: Pearson.
Laudon, K. C., & Laudon, J. P. (2018). *Management information systems – Managing the digital firm*. München: Pearson.
Laudon, K. C., & Traver, C. G. (2019). *E-Commerce 2019: Business, technology and society, global edition* (15. Aufl.). United Kingdom: Pearson.
Lee, K.-F. (2018). *AI superpowers: China, Silicon Valley, and the New World Order*. Boston: Mariner Books.
Lestiyo, I. (2018). Unity3D. https://blogs.unity3d.com/2018/10/19/revolutionizing-how-game-developers-monetize-with-unity-monetization-sdk-3-0/. Zugegriffen: 23. Sept. 2019.
Lober, A. (2019). Key resellers claim legitimacy – the courts say otherwise. https://www.gamesindustry.biz/articles/2019-11-11-key-resellers-claim-legitimacy-the-courts-say-otherwise. Zugegriffen: 9. Dez. 2019.
MacCormick, J. (2012). *Nine algorithms that changed the future: Ingenious ideas that drive today's computers*. New Jersey: Princeton University Press.
Mehta, S. (2018). Towardsdatascience.com – The architect of artificial intelligence – Deep learning. https://towardsdatascience.com/the-architect-of-artificial-intelligence-deep-learning-226ac69ab27a. Zugegriffen: 23. Sept. 2019.
MeinMMO. (2019). Wie viele Menschen spielen Fortnite? Neue Zahlen für 2019 bekannt. Unter Mitarbeit von Noah Struthof. https://mein-mmo.de/fortnite-spielerzahlen-2019-bekannt. Zugegriffen: 23. Sept. 2019.
Miranda, L. D. (2019a). *30-Second AI & Robotics*. United Kingdom: Ivy Press.
Miranda, L. D. (2019b). *Künstliche Intelligenz und Robotik*. Niederlande: Librero IBP.

Meyerson, M. (2015). *Success Secrets of the Online Marketing Superstars*. Irvine: Entrepreneur Media Inc.
Müller, D. (2011). Dirk Müller über unser Geldsystem. https://www.youtube.com/watch?v=ihT6uOSl5s0. Zugegriffen: 23. Sept. 2019.
Müller-Lietzkow. (2019). Gamescom Congress in Köln. https://www.gamescom.de/events-und-kongresse/fuer-alle/gamescom-congress-l/gamescom-congress.php. Zugegriffen: 23. Sept. 2019.
Nadella, S. (2017). *Hit Refresh*. Großbritannien: William Collins.
Nintendo eShop. (2019). Nintendo.de. https://www.nintendo.de/Spiele/Nintendo-Switch/Super-Smash-Bros-Ultimate-1395713.html#Weitere_. Zugegriffen: 23. Sept. 2019.
Otte, M. (2019). *Monetarisierungsmodelle in der Games-Branche und deren Bedeutung für den E-Commerce. Bachelor-Thesis*. Frankfurt: Frankfurt University of Applied Sciences.
Perkin, N., & Abraham, P. (2017). *Building the Agile business through digital transformation: Best practice toolkit for planning, negotiating and managing a contract*. Kogan Page: London.
Playstation Store. (2019). Playstation.com. https://www.playstation.com/de-de/explore/playstation-plus/. Zugegriffen: 23. Sept. 2019.
Rappold, T. (2017). *Facebook, PayPal, Palantir – Wie Peter Thiel die Welt revolutioniert – Die Biografie*. München: FinanzBuch Verlag.
Reynoso, R. (2019). Learn.g2.com. https://learn.g2.com/types-of-artificial-intelligence. Zugegriffen: 23. Sept. 2019.
Rehfeld, G. (2013). *Game Design und Produktion: Grundlagen, Anwendungen und Beispiele*. München: Hanser.
Rieck, C. (2015a). *Können Roboter mit Geld umgehen? Die digitale Zukunft der Finanzberatung*. Rieck, Christian: Eschborn.
Rieck, C. (2015b). Datenspiele: Big Data und Spieltheorie|Christian Rieck|-TEDxRheinMainSalon. https://www.youtube.com/watch?v=cgAx08iB9Lo. Zugegriffen: 23. Sept. 2019.
Russell, S., & Norvig, P. (2018). *Artificial Intelligence: A Modern Approach* (Global Aufl.). London: Pearson.
Russell, S., & Norvig, P. (2012). *Künstliche Intelligenz (Pearson Studium – IT)* (3. Aufl.). Bremen: Pearson.
Schell, J. (2019). *The Art of Game Design: A Book of Lenses*. Boca Raton: CRC Press.
Schmidt, E., & Rosenberg, J. (2017). *How google works*. New York: HachetteBookGroup.

Scholz, K. (2018). buffed. https://www.buffed.de/Star-Wars-Battlefront-2-2017-Spiel-60678/News/neues-Fortschrittssystem-ohne-kaufbare-Lootboxen-live-1252590/. Zugegriffen: 23. Sept. 2019.

Sedgewick, R., & Wayne, K. (2013). *Algorithmen: Algorithmen und Datenstrukture* (4. Aufl.). Hallbergmoos: Pearson.

Skiera, B., Wieringa, J., Kannan, P. K., Ma, X., et al., (2019). Sciencedirect – Data analytics in a privacy-concerned world. https://www.sciencedirect.com/science/article/abs/pii/S0148296319303078. Zugegriffen: 23. Sept. 2019.

Skiera, B., Wiesel, T., & Villanueva, J. (2011). Researchgate – Customer lifetime value and customer equity models using company-reported summary data. https://www.researchgate.net/publication/251645348_Customer_Lifetime_Value_and_Customer_Equity_Models_Using_Company-reported_Summary_Data. Zugegriffen: 23. Sept. 2019.

Statista Research Department. (2008–2015). *Statista.* https://de.statista.com/. Zugegriffen: 23. Sept. 2019.

Steam. (2019). Grand Theft Auto V bei Steam. https://store.steampowered.com/app/271590/Grand_Theft_Auto_V/. Zugegriffen: 23. Sept. 2019.

Sterne, J. (2017). *Artificial Intelligence for Marketing: Practical Applications (SAS Institute Inc)* (1. Aufl.). Hoboken: Wiley.

United States Securities and Exchange Commision. (2018). Annual Report Pursuant To Section 13 Or 15(D) Of The Securities Exchange Act Of 1934 – Netflix, Inc. https://s22.q4cdn.com/959853165/files/doc_financials/annual_reports/2018/Form-10K_Q418_Filed.pdf. Zugegriffen: 23. Sept. 2019.

Worldwide Digital Games Market SuperData. (2019). https://www.superdata-research.com/. Zugegriffen: 23. Sept. 2019.

wtt-serious-games. (2019). https://wtt-serious-games.de/. Zugegriffen: 23. Sept. 2019.

Zelada, S. (2016). Makinggames.biz. https://www.makinggames.biz/gamesbusiness/dr-lutz-anderie-im-interview-free-to-play-games-und-viele-mitarbeiter-sind-eine-gefaehrliche-mischung,2326829.html. Zugegriffen: 23.Sept. 2019.

Zelada, S. (2017). Makinggames.biz – Free-to-Play ist der schlimmste Fehler der Branche seit Bestehen. https://www.makinggames.biz/gamesbusiness/dr-lutz-anderie-ueber-monetarisierungstrends-free-to-play-ist-der-schlimmste-fehler-der-branche-seit-bestehen,2327512.html. Zugegriffen: 23.Sept. 2019.

# 4

# Crytek Frankfurt: Real-Time Engine und Künstliche Intelligenz

**Was Sie aus diesem Kapitel mitnehmen**
- Ein Grundverständnis, wie Algorithmen und KI in Game Engines funktionieren
- Einblicke in die Features der (Real-Time) CRYENGINE
- Exemplarische Benennung von Use Cases, wie beispielsweise Infrastrukturplanungen von Smart Cities, Interior Design und Industrial Lightning
- Hinweise auf Zukunftstechnologien wie BCI (Brain Computer Interface), die mit der CRYENGINE realisiert werden
- Beschreibung der Komptabilität von KI-Systemen

# Interview: Pascal Tonecker

© Crytek

**Pascal Tonecker, Director of CRYENGINE Enterprise Solutions**
Natürlich darf in einer Veröffentlichung, die sich mit KI beschäftigt, die Cryengine nicht fehlen. Die Real-Time Engine, die von dem Frankfurter Crytek-Team entwickelt und perfektioniert wurde, wird heute regelmäßig in einem Atemzug mit der Unreal und Unity Engine genannt.

Deshalb lag es nahe, das Crytek-Team um den Gründer Avni Yerli in Frankfurt zu besuchen. Schon im Eingangsbereich der Zentrale wird schnell klar, dass es sich hierbei um ein DevStudio der ersten Liga handelt. Die Räume sind großzügig gestaltet und die 300 Mitarbeiter arbeiten konzentriert an ihren Monitoren. Crytek arbeitet mittlerweile im 20. Jahr in der allerersten Liga der Games Industry und kann auf Topseller von Weltruf wie die Crysis-Serie, Far Cry, Ryse – Son of Rome, The Climb (VR) und Hunt: Showdown verweisen.

Empfangen werde ich von Jens Schäfer, dem langjährigen Head of Communications von Crytek. Meine Studiotour im Frankfurter Osten – mit direkter Autobahnanbindung und Flughafennähe – startet in der Lobby. Es ist einfach beeindruckend zu sehen, wie hier Wertschöpfung generiert wird – das Setting und die Atmosphäre stehen den Tech-Schmieden in Silicon Valley in nichts nach. Frankfurt hat den schnellsten Internet-Kontenpunkt in Europa – den Deutschen Commercial Internet Exchange (DE-CIX), welcher gemessen am Datendurchsatz der größte der Welt ist. Alles befindet sich in Laufnähe des Crytek-Studios.

## 4 Crytek Frankfurt: Real-Time Engine und Künstliche Intelligenz

Im Studio dürfen die Trophäen, die in den vergangenen Jahren für die Entwicklung guter Games verliehen wurden, natürlich nicht fehlen. Eine Auswahl findet sich im Office, in dem auch zahlreiche Meetingräume für Mitarbeiterbesprechungen zur Verfügung stehen (Abb. 4.1).

Es gibt klare Teamstrukturen und Aufgabenstrukturen, die von den überwiegenden internationalen Mitarbeitern geprägt werden. Agile Softwareentwicklung und Managementmethoden sind fester Bestandteil der Leadership-Strukturen – anders könnte das Unternehmen im internationalen Wettbewerb auch nicht bestehen (Abb. 4.2).

Hier läuft alles auf höchsten Niveau, so auch Character Animation (Abb. 4.3).

Der eigentliche Grund meines Besuchs ist jedoch die CRYENGINE – eine Real-Time Engine, die nicht nur für die Entwicklung von Computerspielen eingesetzt wird. Deshalb bin ich mit Pascal Tonecker verabredet, seines Zeichens Director of CRYENGINE Enterprise Solutions.

Mit Pascal möchte ich über den Einsatz der CRYENGINE in anderen Branchen außerhalb der Games Industry sprechen, insbesondere über die KI Features und die Perspektiven, die sich durch den Einsatz der Real-Time Engine ergeben.

**Abb. 4.1** Trophäen und Awards dokumentieren die unzähligen Crytek-Erfolge. (Mit freundlicher Genehmigung Crytek)

**Abb. 4.2** Born to meet – Ohne Agile und Scrum läuft auch bei Crytek nichts. (Mit freundlicher Genehmigung Crytek)

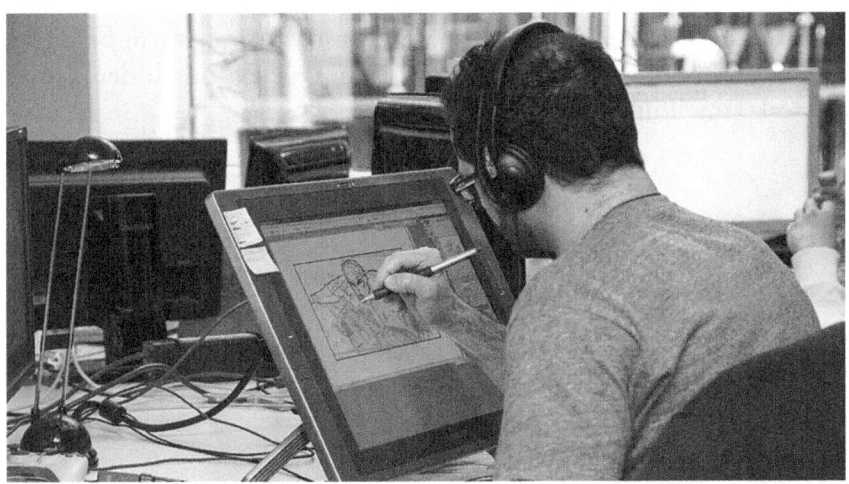

**Abb. 4.3** Character Animation auf höchstem Niveau: Die CRYENGINE macht es möglich. (Mit freundlicher Genehmigung Crytek)

**Frage:** Wenn ich es richtig verstanden habe, bist du für die Vermarktung der CRYENGINE außerhalb der Games Industry zuständig. Welche Branchen und potenziellen Kunden hast du denn im Visier?
**Antwort:** Da gibt es eine ganze Bandbreite. Neben Regierungsorganisationen und der Luftfahrt- und Kfz-Industrie ist natürlich auch das Gesundheitswesen von hoher Bedeutung. Und dann gibt es natürlich eine Vielzahl an Unternehmen, welche die CRYENGINE für Trainings und Simulationen einsetzen. Das Spektrum unserer Real-Time Engine ist breit und bewegt sich von der Infrastrukturplanung über Smart Cities und Interior Design bis hin zum Industrial Lightning – um nur einige zu nennen. Selbst BCI(Brain Computer Interface)-Anwendungen werden mit der CRYENGINE realisiert.

**Frage:** Außerhalb der Games Industry sprichst du von der CRYENGINE eher als Real-Time Engine. Gelingt es Crytek so, aus der Ecke des DevStudios mit eigener Engine herauszukommen, oder hat das andere Gründe?
Es geht eher darum, die Sprache unserer B2B-Kunden zu sprechen. Die Games Industry ist zwar ein Technologietreiber für viele Branchen – bei Industriekunden gilt es jedoch weniger über das Gaming zu reden. Über eine Real-Time Engine zu sprechen und den Ursprung in der Games-Entwicklung in den Hintergrund zu stellen ist oftmals hilfreich. Das hat mit Seriosität und dem Background unserer Geschäftspartner zu tun. Es ist nun einmal ein Unterschied, ob man sich in dem Umfeld von Games-Unternehmen bewegt oder eine Präsentation unsererseits im Umfeld eines Technologiekonzerns erfolgt. Das Setup ist einfach ein anderes.

**Frage:** Wie lässt sich denn die CRYENGINE einsetzen, welche KI Features kann man denn mit ihr generieren?
Naja, KI ist aktuell das Buzzword schlechthin und oftmals wird zwischen klassischen algorithmischen Anwendungen wie Machine Learning und dem darauf aufsetzenden Deep Learning sowie AI nicht differenziert. KI, also selbstlernende Algorithmen, sind seit Jahren ein integraler Bestandteil der CRYENGINE. Im Wesentlichen besteht

eine Game Engine aus verschiedensten Algorithmussystemen, die nicht immer selbstlernend sein müssen. Natürlich gibt es Plausibilitätsprüfungen und Code Optimization, die aber nicht zwingend im Deep Learning verankert sein müssen, aber in diese Richtung geht die Reise. Der ursprüngliche Einsatz von KI in der CRYENGINE galt der Steuerung von Avataren, autonomen (KI-gesteuerten) Spielgegnern und Bossen, die sich den Fähigkeitsleveln des Spielers, dem Spielerniveau, angepasst haben. Die Idee bestand darin, das Spielerlebnis möglichst abwechslungsreich zu gestalten und jedes Mal aufs Neue ein herausforderndes Gameplay zu bieten. Diese Technologie wird in CRYENGINE natürlich konsequent weiterentwickelt.

Entscheidend ist, dass wir für die zukunftsbildenden Technologien vorbereitet sind, da in CRYENGINE über APIs nahezu alle KI-Systeme ‚angedockt' werden können.

**Vielen Dank für das Gespräch.**

> **Ihr Transfer in die Praxis**
> Fragen, die man sich stellen sollte, bzw. Schritte, die man zwecks Umsetzung unternehmen sollte
>
> - Wie kann ich Game Engines nutzen?
> - Welches Potenzial bietet die CRYENGINE für mein Unternehmen?
> - Verstehe ich die Bedeutung einer Real-Time Engine?
> - Welchen Stellenwert hat die Digitalisierung, benötige ich Know-how aus der Games Industry?
> - Wie ist meine strategische und taktische Ausrichtung im Hinblick auf KI-Systeme?

 springer-gabler.de

}essentials{

Lutz Anderie

# Gamification, Digitalisierung und Industrie 4.0

Transformation und Disruption verstehen und erfolgreich managen

 Springer Gabler

**Jetzt im Springer-Shop bestellen:**
springer.com/978-3-658-19864-0

springer-gabler.de

**Jetzt im Springer-Shop bestellen:**
springer.com/978-3-662-49424-0

The manufacturer's authorised representative in the EU is Springer Nature Customer Service Centre GmbH, Europaplatz 3, 69115 Heidelberg, Germany. If you have any concerns regarding our products, please contact ProductSafety@springernature.com

Printed and bound by CPI Group (UK) Ltd, Croydon, CR0 4YY
25/03/2026
02078224-0002